大眾心理館

心靈成長 1

鄭石岩作品集

國家圖書館預行編目資料

行動使人生改觀：想得正確做得對，生命豐富又有味／鄭石岩著．-- 初版．-- 臺北市：遠流，2008.04
面；公分．--（大眾心理館）（鄭石岩作品集．心靈成長；1）

ISBN 978-957-32-6281-7（平裝）

1. 修身 2. 生活指導

192.1　　97003687

大眾心理館
鄭石岩作品集　心靈成長 1

行動使人生改觀

想得正確做得對，生命豐富又有味

作者：鄭石岩
執行主編：林淑慎
特約編輯：趙曼如
發行人：王榮文
出版發行：遠流出版事業股份有限公司
100 臺北市南昌路二段 81 號 6 樓
郵撥：0189456-1
電話：2392-6899　傳真：2392-6658
法律顧問：董安丹律師
著作權顧問：蕭雄淋律師
2008 年 4 月 1 日　初版一刷
2011 年 4 月 1 日　初版四刷
行政院新聞局局版臺業字第 1295 號
售價新台幣 240 元（缺頁或破損的書，請寄回更換）

ISBN 978-957-32-6281-7
YLib 遠流博識網 http://www.ylib.com
E-mail: ylib@ylib.com

行動使人生改觀

想得正確做得對，生命豐富又有味

鄭石岩／著

總序

我的創作歷程

鄭石岩

寫作是我生涯中的一個枝椏，隨緣長出的根芽，卻開出許多花朵，結成一串纍纍的果子。

我寫作的著眼點，是想透過理論與實務的結合，闡釋現代人生活適應之道，提倡正確的教育觀念和方法，幫助每個人心智成長。透過東西文化的融合，尋找美好人生的線索。我細心的觀察、體驗和研究，繼而流露於筆端，寫出這些作品。書中有隨緣觀察的心得，有實務經驗的發現，有理論的引用，也有對現實生活的回應。在忙碌的工作和生活中，我採取細水長流，每天做一點，積少成多。

從第一本作品出版到現在，已經寫了四十幾本書。這些書都與禪佛學、教育、親職、心靈、諮商與輔導有關。寫作題材從艱深的禪學、唯識及心靈課題，到日常生活的調適和心智成長，都保持深入淺出、人人能懂的風格。艱澀冗長的理論不易被理解，特化作活潑實用的知識，使讀者在閱讀時，容易共鳴、領會、受用。因此，這些書都有不錯的評價和讀者的喜愛。

每當演講或學術討論會後，或在機場、車站等公共場所時，總是有讀者朋友向我招呼，表達受惠於這些著作。他們告訴我「你的書陪伴我度過人生最困難的歲月」，或說「我是讀你的書長大茁壯的」。身為一個作者，最大的感動和安慰，就在這些真誠的回應上：歡喜看到這些書在國內外及中國大陸，對現代人心靈生活的提升，發揮了影響力。

多年來持續寫作的心願，是為研究、發現及傳遞現代人生活與工作適應的知識和智慧。所以當遠流規劃在【大眾心理館】裡開闢【鄭石岩作品集】，期望能更有效服務讀者的需要，並囑我寫序時，心中真有無比的喜悅。

我在三十九歲之前，從來沒有想過要筆耕寫作。除了學術論文發表之外，沒想過要從事創作。一九八三年的一場登山意外，不慎跌落山谷，脊椎嚴重受創，下半身麻痺，面臨殘障不良於行的危機。那時病假治傷，不能上班，不多久，情緒掉到谷底，憂鬱沮喪化作滿面愁容。

秀真一直非常耐心地陪伴我，聽我傾訴憂慮和不安。有一天傍晚，她以佛門同修的立場警惕我說：「先生！你學的是心理諮商，從小就修持佛法；你懂得如何助人，也常常在各地演講。現在自己碰到難題，卻用不出來。看來你能講給別人聽，自己卻不受用。」

我聽完她的警語，心中有些慚愧，也有些省悟。我默然沉思良久。我知道必須接納現實，去面對眼前的困境。當晚九時許，我對秀真說：「我已了然於心，即使未來不良於行，也要坐在輪椅上，繼續我的教育和弘化工作，活得開心，活得有意義才行。」

她好奇的問道：「那就太好了！你準備怎麼做呢？」

我堅定的回答：「我決心寫作，就從現在開始。請你為我取下參閱的書籍，準備需要的紙筆，以及一塊家裡現成的棋盤作墊板。」

當天短短的對話，卻從無助絕望的困境，看到新的意義和希望。我期許自己，把東方的禪佛學和西方的心理學結合起來，變成生活的智慧；鼓勵自己，把學過的理論和累積的實務經驗融合在一起，成為活潑實用的生活新知，分享給廣大的讀者。

邊研究邊寫作，邊修持邊療傷，健康慢慢有了轉機，能回復上班工作。歷經兩年的煎熬，傷勢大部分康復，寫作卻成為業餘的愛好。從一九八五年出版第一本書開始，所有著作都經秀真校對，並給予許多建議和指教。有她的支持，一起分享作品的內容，而使寫作變得更有趣。

住院治療期間，老友王榮文先生，遠流出版公司的董事長，到醫院探視。我送給他一本佛學的演講稿，本意是希望他也能學佛，沒想到過了幾天，他卻到醫院告訴我：「我要出版這本書。」

我驚訝地說：「那是佛學講義，你把講義當書來出，屆時賣不出去，你會虧本的。這樣我心不安，不行的。」

他說：「那麼就請你把它寫成大家喜歡讀的書，反正我要出版。」

就這樣允諾稿約，經過修改增補，《清心與自在》於焉出版，而且很快暢銷起來。因為那是第一本融合佛學與心理學的創作，受到好評殊多。爾後的每一本書，都針對一個現實的主題，紮根在心理、佛學和教育的學術領域，活化應用於現實生活。

禪佛學自一九八五年開始，在學術界和企業界，逐漸蔚成風氣，形成管理心理學的一部分，企業界更提倡禪式管理、禪的個人修持，都與這一系列的書籍出版有關。

後來我將關注焦點轉移到教育和親職，相關作品提醒為師為親者應注意到心理健康、學生輔導、情緒教育等，對教育界也產生廣泛的影響。教師的愛被視為是一種能力，親職技巧受到更多重視，我的書符合了大家的需要，並受到肯定，例如《覺・教導的智慧》一書就獲頒行政院新聞局金鼎獎。

在實務工作中，我發現心靈成長和勵志的知識，對每一個人都非常重要。於是我著手寫了好幾本這方面的作品，許多家長把這些書帶進家庭，促進親子間的和諧，並幫助年輕人心智成長；許多大學生和初踏進社會的新鮮人，都是這些書的讀者。許多民間團體和讀書會，也推薦閱讀這些作品。

唯識學是佛學中的心理學，我發現它是華人社會中很好的諮商心理學。不過原典艱澀難懂，於是我著手整理和解釋，融會心理學的知識，變成一套唯識心理學系列。此外，禪與諮商輔導亦有密切的關係，我把它整理為禪式諮商，兼具理論基礎和實用價值，對於現代人的憂鬱、焦慮和暴力，有良好的對治效果。目前禪與唯識，在心理諮商與輔導的應用面，不只台灣和大陸在蓬勃發展，全世界華人社會也用得普遍。每年我要在國內外，作許多場次的研習和演講，正是這個趨勢的寫照。

二十年來我在寫作上的靈感和素材源源不絕，是因為關心現代人生活的適應問題和心理健康。我從事心理諮商的研究和實務工作超過三十年，個案從兒童青少年到青壯年及老年都有；類別包括心理調適、生涯、婚姻諮商等，我也參與臨終諮商及安寧病房的推動工作。對於人類心靈生活的興趣，源自個人的關心；當我晤談的個案越多，對心理和心靈的調適，領會也越深。

我的生涯歷練相當豐富。年少時家境窮困，為了謀生而打工務農，當過建築工、水果販、小批發商、大批發商。經濟能力稍好，才有機會念大學。後來我當過中學老師，在大學任教多年，擔任過簡任公務員，也負責主管全國各級學校訓輔工作多年，實務上有許多的磨練。

我很感恩母親，從小鼓勵我上進，教我去做生意營生。她在我七歲時，就帶我入佛門學佛，讓我有機會接觸佛法，接近諸山長老和高僧，打下良好的佛學根柢。我也很感恩許多長輩，給我機會參與國家科技推動工作長達十餘年，從而了解社會、經濟、文化和心理特質，是個人心靈生活的關鍵因素。如果我觀察個案的眼光稍稍開闊一些，助人的技巧稍微靈活一點，都是因為這些歷練所賜。在寫作時，每一本書的視野，也變得寬博和活潑實用。

現在我已過耳順之年，但還是對於二十餘年前受重傷所發的心願，珍惜和努力不已。希望在有生之年，還有更多精神力從事這方面的研究和寫作。寫作、助人及以書度人，是我生命意義中很重要的一部分，我會法喜充滿地繼續工作下去。

《行動使人生改觀》目錄

自序

用行動打造精采人生

行動使人精神抖擻，生活卓越有味。多采多姿的人生，不會憑白無故出現，是努力用行動經營出來的。人生之所以有價值、有快樂、有興致，都要從行動中締造。

多年來的觀察研究，我發現憂鬱沮喪的人，多由於缺乏正向行動所致。甚至大部分焦慮的人，亦因內心的恐懼，抑制了正當的行動，使焦慮變本加厲。從另一個角度看，性格異常的人，容或仍會有些行動，但大多有粗暴、侵犯和退縮等特質，不但不能解決問題，反而製造新的困擾。很顯然，這也是缺乏正確行動所致。

缺乏正確行動或行動被抑制，會帶來許多生活上的困擾，甚至造成心理疾病。現代社會正面對一個共同的難題，許多人在網路遊戲中留連忘返，通宵達旦。在他們的意識裡，自己好像採取了許多行動，但那畢竟是場虛擬的遊戲。許多青少年因為沉迷於網路遊戲，而降低對現實生活的適應力。

行動影響身心健康、工作效能、學習、成長、情緒好壞，乃至個人的成就和幸福。正確的行動就是在創造人生，使生活變得生機盎然。一個人只要懂得採取行動，就會使人生改觀。正確行動的要領包括：

正向思考

我們怎麼思考就會怎麼行動，怎麼行動就會怎麼感受。想法正確，是行動正確的先決條件。正向思考就是要避免感情用事、脫離現實、草率決定、滋生偏見和悲觀想法等有礙正確思考的因子。誠如艾倫・貝克（Aron Beck）所說，「匡正錯誤的觀念，可以消除或抑制不當的想法和情緒。」研究指出，情緒會干擾思想，思想也會影響情緒。凡事要想得正確，就必須理智些，平心靜氣地面對現實。這要比衝動草率更能做正確的決定。

消極悲觀的想法令許多人沮喪、裹足不前，從而延宕了回應，繼而坐失良機。消極悲觀的人甚至不能為了保障自己的健康而採取行動。他們的工作表現亦多消極且無所作為。

人若能採取樂觀積極、面對現實的態度，思考就會正確，自然會有行動力。這對於健康、事業、婚姻的生涯，都會有正向的幫助。

及時行動

行動是要及時的，要做得對又要適得其時。年輕人懂得及時努力，把學識基礎打好，出了校門又能及時把握機會，在職場上盡情發揮。在工作上懂得及時回應，及時做該做的事，不但容易得到賞識，而且能爭取到更多磨練的機會。因為懂得及時行動，易獲得有利的工作環境，成功者的氣勢就會奠定起來。

不能及時行動的人，往往有拖延的惡習。拖延行動源自拖延決策。凡事遲疑不決，憂柔寡斷，猶豫躊躇。因此，要培養及時行動力，必須做好決策，把時程掌握好，勉勵自己及時採取行動。

成功的人生建立在及時行動上。事業如此，婚姻和教育子女亦如此，健康更是如此。

未必完美

凡事設想周全、踏實行動，是為人做事的公認要領。但行動的結果，免不了有未盡滿意之處。然而有些人執著於完美，在做人做事上強迫自己十全十美，很可能會帶來挫折，造成極度焦慮，影響信心，而招致失敗。過去戴維・布恩思（David Burns）研究發現，約有百分之四十的人受到追求完美所產生的壓力，較常感到焦慮、沮喪，生活和工作的挫折感亦較多。

追求卓越的人致力於力爭上游，爭取高水準的表現。追求完美的人則強迫自己實現不可能的目標，並完全以成就來衡量自己的價值。因此他們較易害怕失敗，受到壓力的不斷鞭策，自信自尊逐漸下降，情緒變得不穩定，且想逃避工作和人際交往。

人要追求卓越，實踐自己可期的目標，行動力才會強大。反之，用追求完美的態度，給自己訂下高不可攀的目標，就會陷入沮喪鬱卒，而無所作為。

不可追悔

付諸行動後的成敗，當然要檢討，設法改進，提高品質，以便獲得更好的成績。檢討與改進是對的，但若陷溺於追悔，甚至引發內疚或不安，那就犯了大忌。

追悔過去，只會帶來懊惱，打擊信心，對自己落井下石，別無其他意義。心理學家鼓勵大家了解錯誤，勇於改進，但反對凡事追悔，瞻前顧後。

要想培養積極的行動力，必須具備專注的實踐熱忱和創意，忘懷過去，不被遺憾的往事羈絆；事過境遷，就得放下它。我們不需一直追懷過去的錯誤，重溫往事的委屈和羞辱。每個人都有些不光采的往事，正確的態度是面對它、了解它，然後揮別它。否則會浪費許多精神，抑制建設性的行動和創意。

培養精力

你的精神能量就是生活與工作的精力。它需要培養和孕育。如上所說，人若長期追憶過去的羞恥、委屈、創傷或挫敗，精神力就會耗弱，回應現實的能力和毅力，亦會受到嚴重的打擊。

然而，目前人們最嚴重的事是，在生活和工作中彼此勾心鬥角，互相抨擊詆毀，對立敵視。這會使精神能量受到嚴重剝奪，而陷入不安、衝動、憤怒或仇恨。這種現象對婚姻、家庭、親子乃至事業，都會是嚴重的打擊。

所以每個人都要涵養自己的精神能量。透過親情友愛、美的欣賞、清醒的領悟，孕育精神力，才能在工作和生活上有良好的行動和表現。

解釋行動的心理意義之外，本書將帶領你就生活與行動的幾個向度，了解怎麼行動，會對自己的潛能發展有益，從哪些方法入手，可以締造生活和工作的佳績，有益健康和幸福。經由長期的研究觀察，對於如何使自己耳目一新，怎麼讓自己的人生改觀，已累積了豐富的經驗和資料。現在將這些心得整理成書，相信對讀者會有很多裨益。

壹 對抗工作壓力

工作似生命的血液，
它滋養壯大健康的人生；
壓力使生活有味，
它帶來更多豐收和喜樂。
工作似倔強的諍友，
安忍些許吧！
它總是對你有情有義。
壓力是橫越大漠的坐騎，
謹慎調駕吧！
它帶領你我到下一個綠洲，
實現絢爛人生之旅。

壓力能使人振作，開展創意及潛能，獲得成就和喜悅。工作時有一點點壓力，能提高工作效能。換句話說，多負一點責任，多擔一些期許，就會多一分績效和成果。這就是工作壓力的意義，也是讓自己振作有勁的良方。不過，當壓力增加到一定程度，效率便開始遽減，持續下去就會痛苦、無助，影響健康，甚至精神崩潰。

工作的壓力和價值感，能活化精神力，使人生較有活力，它帶來人生目標，讓人們感到自豪，身心健朗快樂。相對的，若卸下工作擔子，不再有壓力，表面上看起來自由自在，但沒多久就會消沉墮落。

人在承受工作重擔時，不免會抱怨工作壓力，卻很少享受它所帶來的振奮、報償和豐富的意義。有些人把注意力放在工作壓力的消極面，因而產生無奈和沮喪，工作效能因此減低。甚至在潛意識裡產生逃避的傾向，致使情緒低落，嚴重的話還會引發憂鬱。

有些人對工作過度緊張不安，長久下去會引發焦慮的情緒。如果不加以調適，則易損害健康，造成生活品質的低落，當然工作的成效也會大打折扣。憂鬱和焦慮都會增加精神上的痛苦，是普遍困擾現代人的兩種負面情緒。

人離不開工作，因為它是生存的一部分，是活下去的憑藉。如果以積極的態度面對它，就能堅毅耐勞，容易體驗到工作所帶來的尊嚴和自我價值。反之，用消極的態度面對，就會被無奈和頹廢所困。

現代人的工作壓力遠超過以往任何時代，應付工作壓力是一種必要的知識。我把這方面的知識，結合實務工作的經驗，做扼要的敘述，相信對忙碌的現代人會有所助益。當你了解它時，就要採取行動，這能使你的人生改觀。

1 壓力與健康的關係

沉重的壓力是現代人的共業。激烈的競爭，追求成效和成長率，迫使職場上大多數人埋頭苦幹，勤奮工作。加上一般人的生活水準提高，生活需求使壓力也增大，因而承受的心理總壓力也跟著增加。所以壓力與健康息息相關。

根據一些大型研究的結果，人們在碰到巨大壓力事件時，壓力高的人的死亡率，是壓力低的人的三倍。追蹤研究心臟病患三年，發現壓力高的病患死亡率是壓力低的兩倍。壓力高的人，呼吸道感染的機會也會增加。另一項研究發現，工作壓力大的人比壓力小的人，罹患冠狀動脈心臟疾病的機率增加了二至四倍。（請參考《你想活多久》，遠流出版）

誠如美國心理學會執行長諾曼・安德森（Norman B. Anderson）教授所說的，壓力本身是健康與長壽的決定因子。依據他的解釋，如果無法達成自己既定的目標，就會形成壓力源。在工作壓力方面，心理學家認為工作忙亂、耗神費力、目標的控制能力低，都會使工作壓力升高。

人面臨嚴重的創傷事件時，如喪親、失去心愛的人或嚴重的挫敗，也會產生巨大的壓力。有些人抗壓性較好，處理的態度較正向，有積極的思考策略，經過一段適應期，即可克服壓力。但對於容易沮喪又具悲觀思考模式的人，就會形成毀滅性的壓力，進而造成疾病和死亡。在應付喪親和喪偶方面，男性由於感情調適能力較弱，其所受到的創傷壓力要比女性大些，因此其引發疾病和死亡的機率也高些。

此外，個人的社經地位與壓力亦有關聯。依我的觀察，社經地位低的人，在生活和工作上所承受的壓力，要比社經地位高的人多。因為他們的家庭所得少，職業位階、聲望和教育程度低，壓力源多。因此，英美等國研究的結果，顯示社經地位低者死亡率及疾病感染率均較高。

2 壓力知多少

從心理學的角度看，壓力是個人的總負載與自我功能的比值。當自我功能大於總負載時，壓力就小。反之，負載大於自我功能時，壓力就大。換句話說，壓力的值等於自我功能除以負載，分母越大分子越小，商數就越小，表示壓力越小，反之則壓力越大。

個人所承受的壓力越大，所產生的負面情緒、困擾和痛苦就越多。它會傷害身心健康，降低工作效能，導致憂鬱或焦慮，甚至讓人有撐不下去的感受。當然，合理的壓力能讓人們振作，工作勝任愉快、有成就感，且有經濟生活的依賴。

人活著是為了養活自己、撫育家人、提升自己的社經地位、滿足種種心理需求，因此必須承擔工作，負起各種必要的責任，這些稱為正當負載。比如接受了一個新工作，就得為它盡心盡力，結了婚就得用心經營婚姻等等，當了父母就得負責教養，都屬正當負載。

總負載的另一部分是垃圾負載。它來自負面情緒，包括焦慮、不安、憂愁、敵意、妒恨等等。垃圾負載不像正當負載那樣，可以帶來生產、創造、滿足感和價值感。它帶來的是煩惱和痛苦的煎熬，因而會減低我們的心力和智慧。垃圾負載更會令人失去開闊與豁達，剝奪創意、意志和堅毅，留下更多沉重的負擔。

從實務工作中觀察，陷溺於痛苦或心理失常的人，都有超量的垃圾負載。他們壓力的來源大部分是負面情緒和思考，而非工作本身。這些人在痛苦的煎迫下，即使把工作辭掉，壓力仍然未減。而他們的消極行為又帶來更多煩惱，例如辭職後社經地位下降，收入減少，甚至有嚴重的挫敗感和自卑心。於是製造了更多的垃圾負載，使壓力負載更大。

一般人較少被工作負擔壓垮，大多是被負面情緒和困擾擊潰。在職場上，有些人處處與人計較，憤憤不平，認為別人歧視他，而怨恨抱屈，卻又不肯建立良好的人際互動，爭取公平對待，維護自己應有的權益。這些人更容易在工作壓力突然增加時，雪上加霜，喪志崩潰。

負面情緒除了增加人的垃圾負載，成為沉重的負擔外，還會抑制當事人思考、創意和解決問題的能力，使其自我功能下降，繼而又造成壓力驟然飆升。如前所述，壓力是總負載除以自我功能，當自我功能下降時，壓力自然快速增加。人一旦陷入這個惡性循環，就會活得很悲慘。

每個人都有工作和生活的負擔，其所形成的壓力，無人能倖免。因此要對壓力有所了解，才能克服工作上的種種挑戰和壓力。在職場上，我們沒法預期會有什麼樣的遭遇，但卻可以用正確的態度和方法，去迎接挑戰，減低壓力，避免造成困擾。透過這些有效的方法，創造成功，提升信心和自我價值感。

3 抗壓的主軸

一個人所能承受壓力的大小，決定於他的自我功能，這是個人承擔工作重擔和應付生活挑戰的能力。俗語說：「有多大的肩膀才挑多重的擔子。」超乎自己能力的工作或責任，會把自己壓垮。自我功能包括：解決問題的能力、健康的情緒管理和堅強的毅力。這三方面的素養夠，承擔工作的能力和抗壓性都會大增；在職場上，面對困難危機的能力就會增強，適應挑戰和新局的心力也會增加。

面對工作和生活，首要是解決問題的能力。現代社會變遷快速，無論是經濟生活、生產方式、消費行為、理財模式等變化快速，整個社會不斷解組和重構，問題層出不窮。你不可能以原有的知識和技術來因應瞬息萬變的世界。因此，成敗的關鍵取決於解決問題的能力。能充分解決工作上的難題，可使你勝任愉快，體驗到自我實現的滿足，縱使工作辛苦，仍然覺得充實滿意。

因此每個人都應學習新知。在讀書中汲取養分，在研討會和小組討論中互相啟發，在工作實務中不斷領會創新，都能減低壓力。現代人強調終身學習，是為了提升解決問題的能力，它帶來工作上的滿足，同時使壓力減少。

在工作和生活中，能覺察新的事物和變化，產生警覺和興趣，就會在學識和經驗上有所增長，能跟上時代的腳步。這些學習傾向的人，思考空間較大，解決問題的基模（schemas）多元，凡事比較不會鑽牛角尖，心情也比較開朗，且具備較多的創意。相對的，那些故步自封、懶得學習的人，則大多會產生挫折和自卑，容易出現冷漠的防衛機制，工作士氣也會逐漸低落。

今天這個時代，停止學習等於停止心跳，很快就會四肢發冷僵直，無法在職場上游刃有餘，還會帶來困擾和壓力。生涯的每個層面都一樣，你必須學習教育子女的方法，才能在現代的環境中教養子女；有經營婚姻的新知，才能締造幸福的現代家庭；有新的理財認識，才能維持財富的價值；有新的保健觀念，才能維護健康。因此你不得不持續學習。

解決問題的能力表現在任何生活和工作上，例如人際關係的互動、合作協調的技巧、待人處世的態度等等。這些能力，雖非工作能力的本身，但對工作的進行影響極大。有許多人的工作壓力是來自這方面能力的不足。

4 培養抗壓的情緒

好的情緒管理，是自我功能的一部分，工作與生活之中遇到的所有事情都會產生情緒，最常出現的就是喜怒哀樂之類的情緒。愉快喜悅的正向情緒，是成功和滿足產生的，憤怒哀怨的負面情緒，是挫敗失望引起的。情緒有延展性，春風得意時往往凡事順遂。因為好的情緒能帶來動力和振作，易有諸事皆順的感覺。反之，愁眉不展的負面情緒越多，越容易精神不濟、萎靡不振，鬥志和創意思考都受到壓抑，因而變得禍不單行。

因此，只要你願意轉換心境，用積極的態度去面對眼前的困難，情緒隨之也會好起來，想法和行動也變得更開闊。有信仰的人往往會在逆境時透過禱告而培養正向情緒。不過透過神籤求啟示，若湊巧抽到「諸事不宜」的籤，會因此變得退縮，失去理性思考和行動力。因此，從心理學的角度看，最好的方法是保持樂觀的思考模式、培養寬大博愛、維持公義的胸襟。這些價值觀能讓我們的情緒穩定。

負面的情緒會增加工作和生活的壓力。它會把危機放大，把希望縮小，造成沉重的負擔。

第一種負面情緒是焦慮，它的背後隱藏著懼怕的心態。人越害怕別人批評，就越不知所措而不安；越害怕失敗或達不到目標，就越緊張焦慮；越擔心表現不好，就越慌張失措。甚至有人越怕睡不著，就越焦慮得無法入眠。克服恐懼的方法是學習解決問題的能力，累積成功的經驗以增加信心。當你因恐懼裹足不前時，最重要的關鍵是形成定見和孕育信心。在職場上有了恐懼時，只要採取行動或有了定見，自然會減少焦慮的情緒。

另一種負面情緒是憂鬱，它的背後隱藏著悲觀的思考模式。人們碰到某些挫敗或缺陷，就會擴大成嚴重的挫敗感，甚至連活下去的意義和價值都會失去。他們容易沮喪、無助和無奈。比如工作上的一點小瑕疵，會像洪水氾濫般，擴大成整個人生的挫敗。悲觀憂鬱的人要學習區隔思考，清楚地辨認錯誤或缺失只是總體工作或生活的一部分，只要願意補救，並無損於大局。

人生不可能十全十美，悲觀憂鬱的人意在追求完美，所以沮喪悲傷。樂觀的人追求卓越，發揮優點，勇於改正，所以振作快樂。

第三種負面情緒是敵意，它發動憤怒的情緒，產生暴力和衝突，失去理性思考和行動。大部分的暴力犯罪都由敵意所引發。一般人也很容易在發生衝突時引發敵意，造成肢體和語言暴力。怨恨和敵意向來是人際互動的障礙，更是工作時失控衝突的因子。

控制心中的怒氣，及時叫停，給自己時間冷靜，是懸崖勒馬的有效方法。如果任由憤怒的情緒當場發洩，往往會造成嚴重的後果。不過畢竟怒氣難消，你可以在事後找個知己朋友一吐怨氣，對身心都有益處。

美國最近做了研究調查，發現敵意越高的地區，國民健保的成本也越高，可見它對健康的傷害是很大的。

總之，負面情緒會嚴重干擾工作品質和身心健康。生活在忙碌紛繁的現代社會裡，要想保持工作績效和身心健康，必須注意提防負面情緒所帶來的惡果。最徹底的方法就是培養正面情緒，也就是增加安全感，培養樂觀的思考模式和博愛的人生態度。

5 增強抗壓的韌度

堅毅是自我功能的第三個因素。堅毅度高的人比較耐操耐磨，持續力佳，信心也較高。在工作上能堅持下去、克服困難、獲得成就的人，都具有這種心理特質。心理學研究發現，在同樣的壓力之下，經過八年，追蹤兩百位貝爾電話公司中級以上的主管，結果發現堅毅度高的人，工作效能較好，也較少生病。堅毅的特質是：對於工作、家庭和重要價值的堅持，凡事有把握和掌控感，而且樂於接受挑戰。

堅毅是抗壓和工作效能的重要因素。除此之外，社會支持、規律運動和健康的身體，都是抗壓和成功的重要因素。不過，從許多研究中歸納得知：如果缺乏毅力，就不能有效抗壓。有毅力的人能妥善處理工作上的挑戰，化解各種困難和衝突，並能團結同儕的力量解決問題。

堅毅是可以培養的，只要堅持你所做的事，並將工作的困難視為一種新的挑戰，對其抱持信心和希望，堅毅的特質就會展現出來。

堅毅的人不但較能克服工作壓力，解決問題的效能也較高，更重要的是它維持了穩定的情緒，從而帶來健康和高昂的鬥志。

6 如何調適壓力

當你遇到較大壓力時，務必懂得調適之道。適當的調適能讓你安度難關。

首先，當工作壓力暴增時，要避免在生活上同時做重大的改變，如搬家、購屋或大修房舍。更要避免在家務事上節外生枝，增加負擔，此外，面臨較大工作或生活壓力時，非常需要家人的支持、鼓勵和忠告。當然，平常必須與家人建立推心置腹的關係，每個在工作上有卓越成就的人，都有家人的支持和協助。

其次是在工作壓力驟增時，要注意依輕重緩急，把工作分成幾個部分，或依時間規劃進度，逐一完成，就能減輕壓力，同時讓自己有時間休息。有效的時間安排，能讓你保持鎮定，逐一應付沉重的工作壓力。

有時在工作上遭遇到非自己所能控制的情況，如天候、意外或上司的權責，你要設想「最糟也不過如此」，然後不再擔憂，要集中全力，把工作做到最好。有時，你也需要信仰，透過信念和祈禱來孕育毅力，克服困難。所以你要有良好的信仰或更高的價值信念，有了遠超乎自己的精神力當靠山，碰到壓力時就不會驚慌失措。

此外，保持運動的習慣，是調適工作壓力的重要方法。運動能讓你忘憂，因為它能促進腦內啡的分泌，使人心情愉快並減少病痛。更重要的是，運動減緩交感神經過度興奮，讓你鎮定，夜夜好眠。

適當的工作壓力，能激發你的潛能，使精神振作和創意增加，並讓人生變得有況味。人因為克服了工作壓力，而帶來成就和幸福，在人生的軌跡上，展現亮麗燦爛的光輝。若把工作視為某種嫌惡或痛苦，就會形成更多的情緒負擔，壓力會增大到難以招架。反之，若能了解它、善用它，便能使自己振作，發揮創意，並使人生豐富而有意義。

貳 讓快樂增值

快樂是人生園地裡的花紅美景；
喜悅是生命旅途中的風和麗日。
敬愛的旅者！
勤奮必能造就園林，
開朗便見明月風華；
把握現在者快樂，
追悔過往者落寞；
快樂的人博愛助人，
失意的人自私成孰。
敬愛的旅者；
堅毅如金，可以令快樂生息；
超然如神，可以使快樂無限增值。

生活快樂，日子就過得充實、健康和幸福。快樂的人比較肯學習新知，思考上較有創意。不快樂的人，無心學習，沉悶鬱卒，記憶和學習效果亦差。

快樂是人生的主軸，研究指出，大部分死而復生的人都會回憶彌留之際見到溫暖的光，詢問他是否在有生之年都活得快樂、有智慧。當事人在往後的日子裡大都有了領悟，能調整自己，活得快樂。

快樂是每個人所希望的，但是現代人大多過得不快樂。不快樂的原因是目標訂得太高，執著於外在的追求。有所得卻一直不滿足，無所獲或失敗了，則挫折沮喪，產生負面情緒。怨憎、嫉妒、失望、焦慮和憂愁，幾乎把現代人的喜樂全抹殺了。

加上我們的社會生存競爭激烈，變遷快速，每個人都忙得不可開交，精神被壓榨得疲憊不堪。而且社會開放多元，價值中立，卻有更多人找不到人生的核心價值，只留下功利場上的掙扎，於是心神空虛，情緒低落，人與人之間的疏離加大，互相支持和友愛的溫暖不再，冰冷的人際互動溫暖不了孤獨的心。

此外，我們對於如何經營自己，讓快樂增值，讓精神喜悅豐足，缺乏足夠的知識，就像拙於投資理財一樣，喪失快樂的能力。其實，經營快樂的人生，最關鍵的就是你的想法和行動，想法正確，積極正向，透過行動和適當的回應，就能帶來快樂。以下提出幾個關鍵性要領，讓你的快樂可以增值。

1 釐清娛悅與快樂

我們要追求快樂，享有快樂，就得先了解什麼是快樂。一般人以為快樂就是爽快滿意，覺得開心和歡喜。其實快樂有兩個向度：一個是娛悅（pleasure），它來自對感官的取悅，從享有中感受到愉快。各種聲色和刺激、縱慾和怠惰，都可以令人愉悅。娛悅往往是被動的、接受的、被取悅的，所以在娛悅過後，可能會變得空虛，一直期待著下一次的娛悅，結果卻因耽於娛悅，而變得墮落和無能，或者鋌而走險，為了取樂自己而作奸犯科。

那些把娛樂當做快樂的人，只會花天酒地、濫用藥物、任性浪漫，並以追逐快樂當藉口，而逐漸沉迷聲色，無法振作。學生因此好玩不思用功，成人因而不務正業，這都是追求娛悅的惡果。

另一個向度是快樂（happy）。這是願意付出努力，克服困難，從收穫中得到快樂和滿足，由於不斷的努力，累積了經驗，締造了良好的自我功能，變得有信心和有自尊，從而產生快樂。尤其是主動和創造的性格，給人們帶來更多豐收的喜樂和滿足。當然，這些人並不排斥娛悅之樂，但他們把它定位在休閒和消遣，是在工作之餘，去享受該有的娛樂。

因此以娛悅為核心價值的人，會表現出貪圖享樂的性格。他們好逸惡勞，縱容自己享受，最後坐吃山空，無力面對生活挑戰，過著自我麻醉或自暴自棄的生活。反之，選擇先付出再享樂的人則具備了積極振作、樂觀進取的性格。他們有能力創造，有信心接受挑戰，在生活和工作上都能獲致成就。老子說：

「五色令人目盲，五音令人耳聾，五味令人口爽，馳騁田獵，令人心發狂。」

在教育上，我們常聽到許多人說，「要讓孩子快樂學習和快樂成長。」這是一句真心話，但如果沒有釐清快樂的本質，縱容孩子享樂，嬌生慣養，每天嚷著功課要少，讓孩子輕鬆快樂。就會培養出只會娛樂而不知上進的孩子。

孩子必須承擔適當的責任。教養他們體驗生活，學會必要的能力和享受做完事情的喜悅。培養他們接受挑戰的態度和能力，才會有快樂的人生。

快樂是創造出來的。有本事有能力的人，快樂得長久。光憑享受和受寵，只能得到短暫的快感，沉迷愉悅，只會令人墮落、悲愁和沮喪。

2 面對挫折的態度

我們經常會碰到挫折，有時輕微，有時嚴重，時而損失多，時而受害少。

在通往成功的路上，總要踏著挫折的石板，改過反省，不斷累積經驗。因此，面對挫折的態度，決定我們能否在失敗的經驗上重新振作，迎向光明。

遭逢挫折時，總免不了心情不佳。但面對挫折的健康心態，除了積極思考和態度開朗之外，決定我們是否快樂的關鍵，就在於能否分辨它是小挫折，抑或是陷入大難關。

如果只是小挫折，就不必大驚小怪，用大砲打小鳥，用牛刀來殺雞。這會令你浪費力氣，為應付小挫折，而筋疲力竭。例如被不講理的鄰居佔了小便宜，或受了點小氣，而大發雷霆，引發衝突。這不但令你陷入困境，而且帶來憤怒和不快。又如同事之間的小爭論，若把它看得很嚴重，就會產生緊張和憎恨。這是把小挫折當做大問題應付，不但耗神，還會自尋煩惱，讓情緒產生嚴重的困擾。

什麼是大難關呢？如果被炒魷魚，就要面對失業，這是大難關，就必須花時間和心神去面對現實，解決問題。該挺身爭取公平待遇，就得謹慎行事，必要時甚至採取積極手段，花腦筋解決問題。

什麼是小挫折呢？一些生活中的小煩惱，如孩子成績沒考好，居家受到一點吵鬧，工作上的小爭論、小差錯等等。人能認清什麼是小挫折，什麼是大難關，能分辨輕重緩急，就不會大小事都操心，衍生諸多困擾，而陷入不快樂的情緒，甚至造成憂鬱。

不管事情大小，都會煩心焦慮、憤怒敵對或抑鬱悲觀者，必然多愁善感，衝突紛擾。反之，能分清楚什麼是真正難關，而謹慎行事，什麼是小挫折，而不小題大作者，較能有效應變，心情也較輕鬆快樂。

此外，人在遭遇嚴重挫敗時，有些人會追悔過去的失當，悔恨往昔的差錯，這些人是不快樂的。相對的，把心思用在未來的願景上努力學習和成長、拓展新機、踏實打造新天地的人，則是快樂的。

不快樂的人總是被小事折騰，以致沒有時間和心力去創造大未來。快樂的人則致力於解決問題，專心突破所遭遇的難題，一步一腳印創造新機，一點一滴累積成長的經驗和成就，多能創造光明的前程。

3 學習自我延伸

人際的溫暖是快樂的主要來源。能與周邊的親友、同事建立相互支持、彼此關懷的互動，對於安全感、健康和事業的發展都有幫助。這些關係的建立，要先從自我延伸開始。

人從幼兒開始就學著與人相處。他是依賴的、自我中心的，較少站在別人的角度替別人著想。由於同理心還不發達，所以不懂得禮貌和溝通，更沒學會合作、尊重、友愛和負責。透過家庭教育和學校生活，能夠增加信心和能力，開始從自我中心的心態，延伸自己的想法和感受，去了解別人、愛護別人。開始建立人際關係，得到友誼、互動和安全感。

觀察人際障礙的兒童，最大的困擾就是自我延伸有困難。結果不但不了解別人，別人也不了解自己。彼此間有了隔閡，誤解驟增，溫暖漸少，友誼的支持流失。大部分別的孩子都能一起玩耍，獨獨人際障礙的孩子落了單。同學們覺得他很怪、不合群；他卻認為別人故意不跟他玩，而落寞、孤獨和嫉恨。這樣的孩子必須及早治療和輔導，這不是一句「要合群，要跟別人來往做朋友」所能解決的。否則長大之後會遭遇更多困擾，甚至無法過正常的社會生活。

在成年的世界裡，人際互動已發展成型。能與別人交往，一起工作，也能和平共處。但如果自我延伸尚未成熟，拙於了解別人的角色、感受和需要，不能做適當的應對和判斷，無法順暢進行人際互動和合作，與人的交誼就會受到影響。因此，人必須學習自我延伸，視人如己，有同理惻隱之心，這個自我延伸就是關懷、了解和尊重。

人際溝通心理學家卡內基（Dale Carnegie）指出，人際關係就建立在自我延伸上。每個人都希望別人關懷，你給他關懷，彼此間的距離就拉近了。誰都歡喜別人的支持和肯定，你隨緣讚許值得肯定的事，彼此的關係就變得融洽。任何人都希望把事情做好，你幫助他成就所做的事，彼此就建立了溫馨和友誼。問題是你怎麼去關懷、肯定和幫助他人，如何做得恰到好處，而不會弄巧成拙？關鍵就在自我延伸。

人越能同理別人，越能站在別人立場著想，透過人同此心、心同此理去對待親友同事，關係就會越親密，人際溫暖將帶給你快樂。

愛能在內心世界產生回憶，感受到自我價值和溫暖。培養愛人的習慣，包括關懷、了解、尊重、協助、鼓勵、信任和親切，就能拆除自我中心的藩籬，發展出自我延伸的能力，快樂就會像涓涓泉水一樣，流入你生活的園地。

自我延伸還有幾個向度值得探討。你可以多接近大自然，透過自我延伸，產生與天地同遊之情，特別是登高臨淵，在大自然的磅礴氣勢下，會有「仙人如愛我，舉手來相招」的感動和情懷。

在宗教的信仰上，你可以透過慈悲與智慧，以及堅定信仰的情操，自我延伸到終極的實存，而與祂同在應感，覺得法喜和快樂。在藝術的欣賞上，亦能透過自我延伸，與藝術作品共鳴，產生感動和啟發，因此得到快樂。

除此之外，一位能自我延伸的人絕不會故步自封。他們對學習新知有好奇心，喜歡試探新的生活領域，創造更多生活與工作上的奇蹟。

自我延伸是快樂之源，自我中心只能坐困愁城。

4 保持堅毅的心志

人生是一段艱困的過程。因為要面對謀生、健康、友誼、感情等種種需要的挑戰。尤其是我們生存的環境是那麼地多變，且又競爭激烈。我們能安穩的過活，平安愉快的度日，是件多麼不容易的事。因為那是不斷解決問題、克服困難和付出代價得來的。這些努力背後的支撐，就是一顆堅毅的心。

人的心越堅毅、越有意志力，就越能面對現實，在諸多挑戰中維持自我功能，克服困難，而得到成功與快樂。然而，堅毅是需要培養的，它的根源是紀律。有一套好的心理紀律，就能保持個體的堅毅，孕育堅強的心志去克服困難和挑戰。

現代人太崇尚自由，生活過於浪漫，導致起碼的生活紀律都廢弛了，心理紀律不張，無法維持健全穩定的功能。此外，人的身體是靠一套精密的紀律，才能正常健康的運作。這套紀律建立在神經傳導、腺體化學的平衡，以及DNA的訊號等精細紀律上。如果紀律受到破壞，身體的健康就會出現警訊。而破壞這些紀律的正是錯誤的生活習慣和負面的情緒，如焦慮、憤怒、憂鬱等。

這就牽涉到心理的層面。因為我們的思想、信心、情緒、能力和意志，都影響身體及行動的運作，如果心理沒有一套健全的規則去維護它，使其堅毅健康，功能正常運作。那麼心理上的困擾和功能上的缺陷，會給個體帶來身體和心理的困擾，以致失去健康和快樂。

培養堅毅的心，有幾個規則可循。心理學家史考特・佩克（Scott Peck）把它稱為精神成長的紀律。他提出四個最根本的要領。第一是延緩報償。亦即先付出代價，再享受報酬。人應該先努力學習，再享受因學習能力增進而解決問題的快樂。先盡應盡的責任，才享受它帶來的回報。遭遇困難的時候，願意面對挑戰，或經驗不得已的痛苦，讓痛苦過去，適應力增加，而帶來快樂。當我們碰到傷痛和重創時，若能心甘情願去面對它，就能降低痛苦的強度，甚至會產生還過得去的感覺，而漸漸苦盡甘來。

就教育而言，如果孩子養成先玩耍再做功課的習慣；面對責任時先發洩不悅，而不願耐著性子解決問題；長此以往，這個孩子必然衝動隨興，生活會漸漸陷入危機，而失去快樂。

第二個紀律是負起責任。每個人的生活要面對許多挑戰，如果你凡事都抱著「那不是我的事」的態度，問題不但得不到解決，還會累積更多的困擾，讓自己陷入無助沮喪的狀態。如果能以「這是我的責任，要由我來處理解決」的心情面對它，必能很快獲得解決，進而令人更健康、更快樂、更有能力、更有信心。

推卸責任的後果不但會在現實生活和工作中產生挫敗和沒有成就感。周圍的人也都因其不肯負責，不願與他共事，而令他孤立無援。然而，當事人卻還執迷不悟，一味地認為是別人的錯，不是自己的錯。他的痛苦因而會一直繁衍下去。

每個人都要對自己的生活負責。當承擔責任、與外界有了衝突時，習慣逃避責任的人會認定那是別人的錯，不是自己的錯，這種逃避責任的態度往往會使他走向人格異常，無法面對現實生活，使生命潰敗。反之，對於衝突負起過多的責任，就會認為都是自己的問題，從而自責、內疚、悲傷，變得焦慮而不知如何是好，甚至陷於憂鬱。

因此堅毅的第三個紀律就是面對現實。我們對生活的情境、遭遇的問題，看得越清楚，就越能產生正確的回應。我們對周遭的人際、事物和所發生的問題，若先有了成見，往往就是看不清楚真相的主因。過度負責的人都有著刻板的觀念，一直要用負責來討好他人。他們從小就被教導要取悅別人、討他人歡心，以致於無法分辨現實或責任的界限，只執著於自己是否能當一個有責任的好人。心中有這種愚昧想法的人，經常責備自己的不是，內疚不停，這正是心理症的禍根，也是不快樂的源頭。

面對現實表示能認清自己的處境。看得清楚，安排生活就能得當；看得不清會造成許多虛妄或錯誤。給自己訂的目標，遠高於自己的實力，就會挫敗沮喪，讓你越來越不快樂。給自己訂的目標具有挑戰性，先努力所能及的，就能一步一步地向前邁進，享有快樂和成就感。

最後一個堅毅的紀律是保持平衡。我們的確應該努力工作，為工作負責打拼。但如果變成工作狂，失去生活的平衡，就有損於健康，甚至會影響家庭生活，疏忽子女的教導和家人的感情交流。

平衡是心智功能有效運作的紀律。在生活之中，要懂得享樂，但不能沉迷，這也有賴於平衡。在複雜的社會裡當然有表達憤怒的必要，但要維持平衡，才不致把憤怨變成狂暴。我們有時要積極前進，有時要耐心蟄伏，有時要熱情洋溢，有時要安靜養神，這都需要懂得平衡。

當然，人的感情和理智必須平衡，工作與休閒要平衡，收支也要平衡。失衡的人捱不住生活的種種挑戰，無法維持心理上的堅毅和功能，維持平衡，最主要的技巧就是割捨。捨棄一部分想要的東西，才能在生活天秤的另一端，保持它的平衡。人肯捨棄一時的心直口快，才能保持正常的人際互動；肯捨棄激情，才能保留真愛；肯割捨深夜在線上遊戲的狂熱，才能有充足的睡眠，養精蓄銳應付明日的挑戰。

保持堅毅能促進身心健康，提升自我功能，有效面對生活的挑戰，獲得成功和快樂。它需要上述這些心理紀律，才培養得出來。堅毅不是一個僵化的意識形態，而是一套穩定、清醒、有回應力的心智運作。

5 超然經驗之樂

要想讓快樂增值，就得由前述五個向度著手。這就像投資理財一樣，你的快樂和成就感會逐漸增加。不過，我要進一步指出，努力得來的滿足和快樂，畢竟是有為的，是付出代價得來的。還有一種快樂是無為的，它是一種超然的經驗，一種恬淡的喜悅。

當我們超越俗成時，會有著輕鬆自在的感覺，周邊的事物也變得活潑生動起來，真有寒山子所說：「去歲換愁年，春來物色鮮，山花笑淥水，巖岫舞輕煙；蜂蝶自云樂，禽魚更可憐；朋遊情未已，徹夜不能眠。」這種快樂是從寧靜、安神和禪定中，才能感受得到。

不過你也可以在誠摯的信仰、宗教儀式、接受大自然壯闊的洗禮中，得到這種超然經驗。在日常生活中，若能保持純真寧靜的態度，敞開心胸，這種超然的喜樂，將會使你努力經營的快樂，得到倍數的增值。

參 甘願接受挑戰

人生的挑戰，
像上蒼的巧手，
指引我們找到新願景。
勤奮的努力，
若大地的寬博，
賜給我們良機和豐足。
汗水晶瑩，
輝映著亮麗陽光，
化做豐收的笑顏。
殫思極慮，
得來創意智慧，
化做巧奪天功的產品。
我們要用心接受挑戰，
因為那是，
上蒼的恩典。

時代在變，潮流也在變，所以我們很容易碰到困難、遭到挫折和打擊。在競爭劇烈的生活環境中，也很容易受到侵害、不公的待遇、突如其來的意外，或者被出賣。人非但不能就此崩潰，一蹶不振，更應力圖振作，療傷止痛，充實蓄勁，接受挑戰。

勇敢地面對現實，讓創痛癒合，就能感受到人生的勁道。奮勇圖存，讓我們覺得人生值得回味，而增加自信，活得更好。遇到困難與打擊，並不意味著光明的人生路就此斷絕，只要懂得解決問題，困難會轉化成人生的璀璨明燈。

從實務工作中發現，那些從未設想過如何應付難題的人，總是臨難失措，無法振衰起弊；而那些懂得「凡事豫則立，不豫則廢」的人，則早有準備。他們知道如何避免錯誤，也深諳及早改正的竅門。力圖振作的人，具備特有的人生觀和信念，非常值得我們學習。

每個人難免都得面對難關。要在變化無常的世局中尋求發展，要在詭譎多變的環境中奮力求生，是一件艱困的事。成功的人生，是在克服一連串的困難中取得勝利，而不是靠走運一帆風順，因為平順的機會不會太多。克服困難、力圖振作是生命的真理。它帶來成就、快樂和自豪。

面對困境，想要力圖振作，尋找翻身的機會，要有基本的要領，那就是了解危機，保持達觀，維持活力，面對現實、採取行動。

1 了解危機

要維持稱心的生活，在事業上一帆風順，除了勤奮開拓、創造發展之外，還要體認到防範危機的重要。人必須有危機感，預作演練，屆時才知道怎麼做危機處理。世事難料，有心理準備，就能及早預防。即使發生了災難，也能把傷害減到最低。比如說：住家安全逃生，是否已預作設想，若大地震突如其來，火勢延燒，逃生動線為何、怎麼求救等等。又比如說，突遭公司解雇或強迫退休而無經濟基礎，應該怎麼因應，心中必須有譜。

人無遠慮必有近憂。只要你先做盤算，稍做預防，就可以安穩樂觀。即使碰到變故，也能處變不驚。

不要以為危機永遠不會發生，也不可以期待問題會自動解決。許多婚姻破裂的人，起先都以為夫妻同心同德，而疏於持續經營感情，發展共同經驗，包括知識、宗教、朋友、娛樂等等。以致問題發生時驚慌憤怒，又不知如何有效處理。我在婚姻諮詢中也發現，許多女性都以為先生只是偶爾拈花惹草，問題應該會自動消失，結果卻常出乎意料，以致不可收拾。

處理人生的危機，無論是財務、事業、婚姻、健康，乃至子女的問題，都要懂得尋求協助。就像碰到火警一定要懂得求助，碰到感情重挫，更要向專家求援。事業上有了難題，就得尋求專門顧問的建議。遇上嚴重的健康問題，比如罹患重症，更要諮詢不同醫師的意見，才能做更為有效的處理。

處理人生的危機，態度要正確。中學時一位國文老師對我們說，中文「危機」二字，具有豐富的意義和啟發性，他說：「危」就是遭遇危險，有了新的困難和挑戰；「機」就是新機，一個全新的機會在等著你。我一直把他的話記在心中，奉行不渝。這是應付危機的第一個認識。

當你碰到災禍時，不要困坐愁城，要放輕鬆些，自己拿倒楣的事來開玩笑，這種自我解嘲的態度能令你一笑解千愁。一位因乳癌而切除乳房的女士看到自己不堪的胸部，在好友的面前想放聲大哭，結果卻撫胸大笑說，「我們一起去游泳，這回我一定比你快，因為我少了阻力。」然後兩人縱聲大笑。笑是使你振作的催化劑。這是第二個認知。

人遭遇劫難之後，某些生活景況已不同於過往，那就要調整自己，面對現實。一位離婚的女士說，「我不再是某某太太，過去前夫帶我參加的應酬派對，已漸離漸遠。我知道我就是我，要結交新朋友，建立新環境，要過新的生活。」這是她經過晤談後所產生的覺悟和行動。重新振作起來，必須經過這個割捨的過程，才能真正走出創痛的陰霾。這是第三個認識。

遭遇危機時，要認清那只是你生命中的一部分，並非全部的人生都深陷其中。其實大部分的人生是完好的，不能把完好的部分丟棄不顧。例如事業不順，但家庭生活、人際互動、健康狀況和信仰活動等等，都完好如初。如果疏於經營，甚至從中撤退，那就會從單一的危機，衍生成一連串的災難。這是第四個認識。

遭遇困難並不可怕，最重要的是要懂得正確地應對它、化解它。那些經得起風浪的人，都懂得在劫難前先學習如何應付。以上的基本認識是幫助我們力圖振作、創造成功人生的重要元素。

2 達觀的態度

一個力圖振作的人必須是達觀的，如果遭遇困難，才不會陷入愁雲慘霧之中，無論碰到什麼麻煩，都能欣然度過。誠如我母親的庭訓說，「受到重挫已經夠慘痛了，如果還要愁眉苦臉，損失就更大。笑一笑，欣然過活，明天才有力氣工作。」

人生如果無法獲取大的成就，那麼把握小福也不錯。大勝不易，小福卻在生活中隨處俯拾可得。你能欣賞落日餘暉，也能笑迎朝曦。你能體會花木之美，亦能賞欣街上絢爛的霓虹燈。我們要養成習慣，無論到哪裡，都可以覓得霎時的悅樂，這就是達觀。

達觀的人能接受種種遞變。他們彈性佳，心靈不僵化，能認清事態。他們透過創意，看到未來的光明面，做出新的適應和回應，發現新的成就和希望。願意接受改變、重新出發的人，痛苦很快會隨風消散，而以振作抖擻取代之。

力圖振作，不一定會使困難消失，但卻能使人易於接受困境。古人所謂逆來順受，顯然不是消極的態度，而是對苦難的積極想法。人因為能對困難說，「你能奈我何？我還是堅強的哪！」這時會有種堅毅勇敢的心情產生，油然而生一種前所未有的振奮感。

人的一生受苦的機會多，快樂的時候少。只有開闊曠達的人，才能發現生活中的快樂。也正因為及時把握小福，才會產生快樂，讓我們有力量奮勇圖存下去。

達觀不是不懂得傷痛，而是努力克服困難和煩惱的利器。有一次我搭乘計程車，發現它是外縣市來的，駕駛先生很和善，幫我搬東西上車，我謝謝他，隨口問：「工作得好吧？」他回答說：「念大學的獨子發生車禍，住在醫院的加護病房，我在病房陪伴之暇，出來開計程車，賺點錢用。」我讚美他的服務態度，他說：「我碰到的創痛與我的乘客無關，怎麼能讓自己的悲痛影響服務乘客的態度呢？」

這位司機不會把自己的痛苦發洩在工作上，去折磨別人，真是難能可貴。我在心理諮詢的經驗中發現，許多人碰到困難或挫折時，總是把家人和兒女弄得雞犬不寧。

達觀的人懂得珍惜當下，不會遷怒於人，也不會否定一切。他們保有生活中寶貴的資產和精神，準備隨時再出發。這些健朗的心靈總是想著：今天所擁有的都值得珍惜，因為它很快就會過去，所以要珍惜當下的一切。不能因為一個困難，而把整個生活打亂。

達觀的人也懂得夢想。他們相信有夢最美，能夠從夢想中浮現了新的願景。人一旦有了目標，對所做的事有信心，就會引發主動和勤奮。

3 隨時保持活力

有活力才能振作，才能奮勇求存，發展事業。有活力才能抵抗壓力，克服種種煩惱。我們之所以感到厭倦，往往不是事情本身引起的，而是對事情的看法消極。因此，要保持活力，就必須對事情維持積極的態度。我們無法改變事實，但卻能改變自己的想法。我們無需追悔過去，但必須知道來者可追，如此就能振奮圖強。

孕育活力的第一個要領就是懷抱目標，讓它誘發你的精神韌力。把你想做的事寫個三五項，選中其中一件盡全力去做，就能產生活力。活力是在行動之後才源源不絕。沒有行動，腦子裡根本無法釋放傳導物質去發動持續下去的動力。

行動決定了活力，也決定振作和快樂的心情。因此，每天都要做一些有價值而隨心所欲的事。如讀幾頁你買回來的新書，欣賞詩篇或小品散文，瀏覽一下雜誌，這些隨心所欲的事，確能令你振作起來。

每天上班時，把職場上該做的事或平時記錄下來的自我提示審視一次，就會打起精神，變得活力充沛。人最怕一天沒有目標，最忌一日沒有理想，人生更是如此。當你失去奮鬥的意義和價值時，意志力就會開始消沉，活力也就跟著消失。

當我們碰上挫敗或遇到重大打擊時，很容易被傷心、沮喪、憤怒、內疚等負面情緒所牽制。這時心境惡劣，很可能會躲在家裡悲傷消沉；有人恣意尋樂以逃避痛苦，從而玩物喪志而沉淪下去；有人憤世嫉俗，搞壞人際關係，使其更陷於孤癖無助。切忌觸犯這些錯誤的行徑，否則將會令你活力盡失。

保持活力的要領有四：第一是正常的作息和飲食。許多人在失業或重挫時，把作息和生活搞得一蹋糊塗，起居無時，飲食無常，最後把自己完全打敗。請注意！打敗你的不是那個打擊，而是心灰意懶的自己。

其次是保持人際互動，要如常地參與社團活動，與親友同事保持連繫。切斷人際關係，不但有害健康，心理支持系統也跟著瓦解，使自己更陷於無助沮喪，一蹶不振。

其三，新知和能力是提振活力的重要資源。要不斷地學習新知，累積經驗。平常就要多接觸學習的環境，與比你強的人做朋友，向他們學習，抗壓力就會提升，才能維持良好的活力。現今的世界，知識半衰期不斷縮短，如果不能與時俱進，就會落得不進則退，職場的競爭活力漸漸消褪。我看到許多能幹、活力十足的人有空就自修，有研討會必參加，對各種知識都有興趣，難怪他們時時精神抖擻，有能量和信心應付許多困難的事。有能力的人不斷解決困難，沒有能力的人則被困難所攔阻。知識和能力不但是工具，也是精神的活力。

第四個保持活力的要領是運動。運動是情緒的氧化作用。研究和臨床證明，運動能提振精神，放鬆減壓，令人神清氣朗，舒適愉快，還能給人一夜好眠。運動可以緩和焦慮，減少病痛，令人心情愉快。

要想保持活力、應付工作和生活的挑戰，每天至少要有三十分鐘的耗氧運動。這不是指體力勞動，而是真正放鬆下來，如專注地慢跑、騎腳踏車、游泳、打球、登山或健身運動。它的目的不在於速度或贏得獎項，而是透過運動，做了蓄勁的活動。每天有適當運動的人，比較耐操耐磨，心情也較愉快，顯得神采奕奕。越早養成運動的習慣，越能維持身心健康和工作效能。

最後，宗教信仰是活力的泉源。虔誠的信仰，能給你精神上的啟發，生活態度的調適，並在情緒和感情領域獲得安慰和鼓舞。宗教信仰能產生與本體世界的應感，它能源源不覺地產生啟發，讓人有安身立命之感。高級的宗教信仰，能啟發人的寬博、愛心和智慧。它持續地向你的心靈注入活力和喜樂。

4 清醒面對現實

面對現實就是把事情弄清楚，以尋找解決之道。凡事踏實不找藉口的人，比較能面對現實。藉口使人失去面對挑戰的勇氣，易把事情扭曲，好找台階下。藉口令人有更多機會變得無能。

藉口等於告訴自己，「不必去面對現實」、「不必對自己的遭遇負起責任」。由是失去自我提升的力量，振作不起來。找藉口是一種習慣，是從小就養成的惡習。由於兒童懼怕父母師長的處罰，於是有了找藉口的行為。有些父母發現孩子找藉口時會溫和地告訴他，「知錯能改才重要，不必難過，也不必找理由；面對現實，才是好孩子！」接受這類教養的孩子，比較不怕學習，也比較不畏懼種種挑戰。

反之，童年時就受到高標準的要求，以致天天生活在恐懼失敗之中，久之不但容易產生焦慮情緒，也容易養成找藉口的習慣。藉口可以緩和一時的焦慮，卻帶來逃避現實的長期惡果。

因此，要想有成功的成年生活，一定要改掉找藉口的習慣。它像是心靈的麻醉劑，也是心理世界的毒品。有不少心理症狀是找藉口的後遺症，尤其是潛意識化以後，會把恐懼和擔憂變成頭疼、感冒或瀉肚子。其實真正的病灶就是他的藉口。這是一種病症，不是他故意偽裝，而是真的表現出症狀來。

在日常生活中，我們很容易找藉口，有些藉口無害，可當做緩衝劑。但藉口一旦成習，就會拿病痛當藉口，不去上學，不願意運動，不肯面對挑戰，繼而累積更多困擾，造成人生的大難題。

此外，我們很容易用情緒激發怒氣，用衝動做決定，這會使人昧於明察真實，造成嚴重的錯誤。尤其是在盛怒之下最容易鑄成大錯。所以要保持冷靜，必要時應停下來想清楚，再做決定。要怎樣想清楚呢？最好的方法是拿起筆來，寫下以下幾個問題：

- 我現在碰到什麼難題？
- 我在做什麼？接著準備做什麼？
- 這樣做對我有益嗎？
- 我真正想要的是什麼？
- 我該怎麼做？

這五個問題能讓當事人面對現實思考，從而使心境明朗，不致陷入迷惘或錯誤。這樣的自我反省是心理學家威廉・葛拉塞（William Glasser）提出來的簡便方法。

面對現實的人能有效處理問題。他們單刀直入，直取問題的核心。往往能以簡馭繁，創造極好的績效。對這些人而言，面對挑戰時，也比較不會牽腸掛肚、心緒紛繁得不知從何下手。

面對現實是行動計畫的唯一方法。要先了解現實，訂出目標，做好策略，列出執行要項，推動時程和考核。這些都源自現實，有一個環節虛假，都會造成誤差和危機。

人可能做出最愚蠢的事，都是由於無知和失真。

5 必須能採取行動

徒有目標不足以自行，光有計畫也不能產生效果。有願景、有目標、有計畫，還得有好的執行力才行。

行動力好的人，就是力圖振作的人。他們把意志力用在積極進取的目標上，懂得克服惰性，把注意力放在未來的成果上，透過夢想來鼓勵自己，透過行動步步為營去實踐目標。他們積極但不急躁，懂得按部就班，持之以恆，有耐性，有持續力。

人生多數的事都不是一蹴而成的。只有三分鐘熱度的人不但無法完成大事，反而容易氣餒退卻。行動源自接受挑戰，透過振作把事情做好，得到成就感和快樂，從而又孕育了新的執行力。

有些人的執行力很好，凡事都能全力以赴，有些人則容易疲軟，半途而廢。這些中途棄權的人都有共同的特質，那就是好逸惡勞，他們無法從執行困難的工作中獲得成就感的回饋，以致無以為繼。我建議他們，忍一時的辛苦，獲取成就感來酬勞自己。

想維持高昂的行動力，得每天訂一個行動目標，才能振作起來。當天若能完成預訂目標，就要給自己鼓勵。有時行動力會被紛繁的雜務干擾。因此需要安排時間處理雜務，如打掃、寫信、購物、交誼等等。這樣比較能集中精力，完成預定的工作。

在面對危機時，行動力更是重要。如果沒有及時採取行動，就會坐失良機。我們常聽人說，「別站著發愣，趕快採取行動！」但心理學家卻告訴我們，「要行動得對才行，所以要機警地謀定而後動。」

行動力須能鍥而不捨，貫徹到底。如果不能堅持下去，半途而廢，就會前功盡棄。因此，行動力是一種內在的呼喚和鼓舞，一種朝向願景的自我期許。

有些人會劃地自限，認為自己辦不到，而不採取行動，結果真的辦不到。例如有人際障礙的人總認為自己會被冷落而不知所措。不過，他始終沒有行動，又怎麼知道自己不懂得溝通、會被冷落呢？

採取行動能破除消極念頭。願意參加比賽，才知道自己真正的實力。沒有向心儀的人示愛，又怎麼知道對方看不上自己呢？行動吧！行動開啟了人生的康莊大道。

接受挑戰源自於積極的想法，它能激發創意和行動力。由於世事變化太快，只靠原有的見識和想法，無法應付生活的需要，所以要力圖振作，不斷學習，才能在變局中圖存。此外，我們生活在詭譎多變的世界，面臨許多困境和危機，更需接受挑戰，力圖振作，才能獲得佳績。

接受挑戰能使情緒穩定，在奮勇圖存中喚起樂觀和活力。我們應該做一個力圖振作的人，保持達觀，培養活力，以積極的行動，回應種種難題。請注意，我們的生活現實，是思想和行動造就出來的。用心接受挑戰，就會有豐富的回報和幸福的感覺。

肆 提振心力有方

你的心中，
孕藏著無盡的智慧；
你的行動，
促發無限的心力。
及時行動喲！
壯碩的自我即將誕生，
堅毅的性格就要實現。
及時行動喲！
含辛茹苦的人有福了，
素行美德者機先。
只要振作奮勇，
你不再黯然神傷。
只要抖擻精神，
你終究豐收歡喜。

這是一個焦慮不安的時代，生活的最大特質是競爭和忙碌。人為了工作忙，為了追求和競爭忙，甚至連休閒也忙著趕時間。此外，還有一些人無事忙，因為他的心理紛繁不止，久而久之，就覺得心力交瘁，沮喪萎靡。

依我的觀察，在M型社會裡，高收入的人雖然擁有較好的生活環境，但心力疲累的狀況，並沒有比低收入的人好太多。現代人普遍超耗心力，都一樣面對超重的心理壓力。古人說：「高，高處苦；低，低處苦。」果真如此。

同樣都在工作，經營企業或做小生意都一樣忙，一樣耗心力。豪門有他的苦，窮人有他的苦，都一樣要費神。每個人的行業不同，承受的壓力也不一樣，有的人勞心，有的人勞力，但都為其承擔而耗費心力。也有些人雖然沒有工作，但失業者比任何人都痛苦。因此，每個人都需要提升擴大自己的心力。

社會變遷快速，生活環境改變，工作上有新的挑戰，都需要精神力去承擔。無論是調升新職，或者另謀他就，都需重新適應，都得有足夠的心力，才能應付得來。尤其是失業或轉換工作，在失落中挾雜著不安，如果沒有足夠的心力，簡直無法翻身。

大部分的人都想拓展潛能，但有時會不得其門，或者欲振乏力，以致日復一日的蹉跎下去，坐失發展的良機。這是一個知識經濟的時代，凡事要靠新知和創意，才能展現出新貌。於是便需要學習新知，發展創意，開擴視野，更需要振作心力，才辦得到。

振作是啟動自我功能的關鍵。它使個人有精神和意志力去面對環境的挑戰，才能在工作上創造佳績，在生活上調適自在。以下是幾個提振心力的方法。

1 用行動改變心情

當人的心情低落時，會覺得無法振作，缺乏鬥志，甚至覺得空虛或鬱卒。一般人以為這種壞心情純粹來自情緒和消極的想法，或歸因於遭遇不幸所致。

但卻很少人注意到，心情低落也是自己的行動所引發的。人在感情上受到挫折時產生悲傷痛苦的情緒，這是必然的。這時如果當事人不斷重複傷痛的行為，如躲在斗室裡哭泣、拒絕飲食、拒絕友人的安慰等等。這些行為會加重低落和傷痛的情緒，而令你越陷越深。

你不妨做個實驗：孤獨地靠坐著，雙手無助地交握，想著你擔心的事，不稍多久，擔心的情緒和無助的感覺就會出現。你一定有過這種經驗：朋友惹火你，如果用持平堅定的語調表達不滿，憤怒會化做義正詞嚴，洗雪你的冤屈。反之，如果你拍桌罵人，就會益形激動，進而動手揮拳。

身與心分不開，當你面對不悅的事時，大腦會用傳導物質來傳遞這些訊息。這時若所採取的行動不當，就會刺激邊緣系統（limbic system），送出更多負面的情緒。人在遭遇挫折時，首先是他的想法在左右著情緒。想法悲觀，會帶來哀愁；想法樂觀，受創的傷痛就減少。想法不安，就會緊張焦慮；想法篤當，就會變得緩和。想法是敵意就起憤怒，是友愛就柔和委婉。接著是行動，行動會帶來更多持續性的情緒。你感覺更為憤怒是因為你揮了一拳，而對方頑強抵抗，你更加激憤，如此不可遏止地纏鬥。

人會更憤怒，是因為揮了一拳的行動；會更憂愁，是因為無助地坐以待斃的消極行為；更焦慮，是因為想逃避現實。因此，在你心情低落的時候，不要待在家裡發呆，而要走出去，做點眼前可以處理的事，心情就會振作起來。

如果你希望自己高興，就得高高興興的待人接物，而不是等著別人讓你高興。想要提振精神，就得神采奕奕地去工作和生活。想安下心來做事，就得把雜事排除，全神貫注做該做的事。你的心力自然會豐沛起來。

2 化倦怠為振作

我們一談到倦怠，就會想到工作過勞。現代超時工作的人真多，他們確實需要休息調劑。認真的生活，打起精神工作，適當的休息、娛樂和運動，能使一個人振作而精神抖擻。

有許多人卻覺得工作後疲累倦怠，打不起精神，到醫院檢查又找不出生理上的原因，就把它歸為心理原因。這當然要尋求精神科醫生或心理諮詢的幫助。不過，如果能掌握一些要領，就能自我改善倦怠的現象。

有些人回到家就倦怠疲乏，這也許並不是工作過勞，而是自我暗示的結果。他對工作缺乏興趣，不覺得這個工作有什麼意義或挑戰。下班之後，覺得自己已經忍受了一整天的工作負擔，早已疲累倦怠，踩著無精打采的步伐，面露倦容，萎靡不振。其實，這只是一種壞習慣而已，只要你願意再接再厲，做點該做的事，甚至做些運動或學習些新知，精神自然振奮起來。

人應該養成勤奮的習慣，做一些對自己有益的事，身體就會有所準備，而振作起來。我觀察過許多倦怠的人，他們並無真正的病痛，而是因為不思振作。一個忙碌的人所需要的休息時間並沒有比懶惰的人多，但他們卻能隨時保持神采奕奕。

振作的方法就是勤奮的工作，以積極的態度，讓自己全神貫注的投入。這會使人產生精力，且不會有受逼迫的感覺。我自己在寫作時也曾出現倦怠感，在家裡踱來遊去，就是提不起勁來。最後使出絕招，堅決地坐到書桌前，拿起筆來動手耕耘，總會文思泉湧的寫下去。

工作使人振作有勁。許多退休的人一開始都以為從此自由了，可以隨心所欲想做什麼就做什麼。後來卻覺得天天無所事事，漸漸有了倦怠和腰酸背痛的現象。最後只好又回到工作上，選擇自己能做的事，結果倦怠和酸痛漸漸消失了，恢復原有的振奮。

我要提醒因待遇不如所願而遲遲不肯就業的年輕人，或者賴在家裡不肯出去工作的人。長時間不工作，鬆懈懶散久了，就會更加倦怠，而不想工作。工作使人振作，讓人生有尊嚴，生活有目標。刻苦的工作令你精力充沛，快樂的生活。

每天兢兢業業的工作和生活，就會養成習慣，而成為性格特質的一部分。性格就是人的命運，振作的人處處都施展得開，萎靡的人即使遇到好機緣，也會坐失良機。

克服倦怠，讓自己振作起來，你的心力才會強壯。

3 多培養好習慣

人生要面對無數個挑戰，必須解決一連串的問題。只要活著一天，就脫離不了這個命運。你的思考習慣決定解決問題的效能；工作習慣關係著成敗；待人習慣則決定人際互動的效能。好習慣越多，心力表現得越好；壞習慣越多，則生活的障礙和挫敗也越頻繁，所以，我們既需培養好習慣，也得減少或改正不良的習慣。

我們每經歷過一件事，都會留下記憶，下次遇到類似的問題就會有經驗去解決。在腦神經系統裡，留下的反應模式就是習慣。習慣讓我們不假思索地回應問題，既省時又省力。

例如學生養成專注聽講、肯作預習、複習和練習、動手寫筆記等習慣，成績自然表現卓越。反之，缺乏這些習慣，成績表現就差。因為預習增加注意力和理解力，使短期記憶的能量提升，加上複習的行動，其儲存在長期記憶庫裡的資料也會增加。到了考試時，還能記得許多學過的內容，只要稍做複習，就能有好成績。對於缺乏這類習慣的學生，既不預習也不複習，學過就放任它去，等到考試時，一切都變得很陌生，那時想要練習，效果就差很多。

人必須有好的飲食作息和生活習慣，才會有健康的身體；要有好的情緒管理和自我控制的紀律，才會有較佳的心理健康。許多人深夜仍沉迷於網路遊戲，作息沒有準頭，通宵達旦不肯罷休。這些人上班時體力不濟，上學時疲憊不堪，曠職曠課使他們精神壓力更重，更甚則情緒失調，造成嚴重的生活挫敗。

培養好習慣使人振作、有自信、友愛和自律。它構成健全的性格，帶領人們走向光明和成功。

此外，也要戒除壞習慣。對於健康、人際、學習和工作，造成負面效應的習慣，都應予以戒除。壞習慣對人生的影響太大，有時簡直像一粒屎壞了一鍋粥一樣，只因為一種惡習未改，而毀掉大好前程，阻斷許多機緣。比如吸毒、酗酒、賭博等等，若不肯悔改戒除，很容易造成嚴重的後果。

戒除惡習最忌諱的是採取逐漸戒除法，以為事不宜急，慢慢戒會比較溫和。其實正好相反，採取漸戒的人，在戒除吸菸、酗酒、賭博和吸毒上，會徹底失敗。戒除惡習，決不容許有例外情況發生，否則必遭挫敗，帶來苦果。

從實務經驗中發現，採行逐漸減少吸菸，以期最能後戒除的人，最後都歸於失敗。那些斷然戒除、絕不再碰的人，成功比率較高。心理學家都同意：只要辦得到，說做就做，斷然戒除，絕不再犯。一種欲望，如果不再去刺激它，就會漸漸消失。尤其是已經成癮的惡習，如果不採取斷然的手段，很難戒絕。

一對中年夫婦，因為先生天天酗酒，經常吵鬧衝突。在晤談之中，我問先生：「你希望孩子們將來也酗酒嗎？如果你不希望他們重蹈覆轍，那就看在孩子們幸福的面上，斷然戒除它。否則孩子耳濡目染，將來可能變本加厲。」他頓時低沉嗓子說：「有這麼嚴重嗎？」我回覆說：「可能比你想像的嚴重，因為身教是一種深度模仿，甚至是認同，如果你不戒除，將來孩子會有許多精神上的困擾。」他終於做出斷然的決定：「我一定戒除它。」我及時送給他一串佛珠，讓他戴在手腕上，做為戒除惡習的起點行為。追蹤的結果他果然戒除了。後來他告訴我：「為了孩子的幸福、太太的心安和健康，我斷然戒除，始終不犯。」

此外，有些好習慣隨著社會變遷和年齡的增長，必須加以檢討修正，以發揮更好的效好。例如飲食習慣必須隨著年齡而做調整，才能長保健康，因為所需要的營養有別。運動習慣也要隨著年齡的增加，做適當的調整，才不致引起傷害。

好的習慣就是你的心力，更是成功幸福的保障。

4 學習刻苦艱辛

人生是一個艱辛的過程，先把承擔艱辛和面對困難，列入生活必須付出的代價，就不會臨陣逃脫，或拈輕怕重。逃避艱苦，無異令生命頹廢；刻苦艱辛，則使人變得堅強。我們的幸福是從刻苦中耕耘出來的，沒有付出就不會有收穫。人生的真理是先苦後樂，先付出才得到報酬。若只取報償而不思付出，就會造成困擾，那些刷爆信用卡的人正是這種寫照。

每個人都必須接受生涯的挑戰，都得受苦。受苦不是自討苦吃，而是願意承擔責任，接受應有的考驗。觀察心理適應困難的諸多個案，發現他們的症狀大多是應當受的苦的藉口。人不肯承擔責任，解決自己的問題，就無法累積小勝成為大勝，累積經驗創造新猷。最後會變得懦弱、無能和缺乏信心，從而產生心理症狀。

因此人要學習刻苦艱辛，每天做一點艱難的事，包括運動健身，學習新知，或對工作下苦功。每隔幾天，最好安排一件該做而不願意做的事。它正是你所需要的，不做的話一定會有損失。

有時你有了做一樁好事的念頭，雖然手邊很忙，沒法把它記下來，找時間行動。那麼讓自己的靈感任由行動而產生結果，而不讓它消逝，便是一種創意，也是生涯價值的表現。

人的一生免不了遭遇重創：感情創傷、親人死亡、事業失敗、婚姻破裂等等，都是嚴厲的傷害。這種苦是很難承受的，但必須去面對它。一定要從創痛中找到它的意義和對自己的啟示，從中獲得釋懷。在這些重創中，最忌諱的就是尋找麻醉、刺激和逃避現實。正確的紓解方式是傾訴、淨化、尋找啟發和昇華，透過刻苦艱辛，我們會看到生命的真諦。

傷痛是生命的一種挑戰，它就像兩座火山之間的隘口，克服了傷痛就等於走出隘口，面對著寬闊的淨土。你可以盡情的發揮，也看到嶄新的希望。

5 發揮自己的美德

美德是個人的精神力量，當你遭遇困難時，它會化做心力去克服困難。同時，你素有的美德已孕育好新的機緣，等著你去採取行動。美德就是平常的修養，它包括如何律己、治心、待人和接物的好習慣。我認為有幾項素養，對於調適生活與工作，最具影響力。

首先是嚴以律己，這是自我控制的功夫。你能控制自己的衝動和欲望，把握住工作的進程，在生活上多有安排，這就是律己。律己的人在遭遇創痛和變故時，較能安撫思緒，從大處著眼，去做應做的事。從諸多事業受挫、婚姻破裂或配偶死亡的個案觀察，律己能力好的人，表現得比較沉穩，受創較輕。

當然，我們也看到事業崛起、氣勢看好的人，由於律己素養不足，很快又埋下破滅的禍源，無需多久就一敗塗地。因此我認為命運決定在個人的自我控制上。人生失控時，即使給你整卡車的金鑽，也會翻落深谷。反之，若能自我掌控，即使白手亦能起家，步步為營，走向成功之路。

自律就是命運，感情自律不好，容易產生婚外情的困擾，使婚姻破裂、親離子散，情何以堪。作息時間無章，用錢無度，玩物喪志不知節制，都是成功人生的致命傷。

另一個關鍵性因素是愛。人是在互愛中發展進步的；我們源自愛，成長於愛；每個人都是自己和別人互動關係所孕育出來的。所以我們要學習傳播愛，力行互助和彼此關心，人生才會興味盎然。

我們不能自我中心，更不能以敵視的態度去看周遭的世界。因為別人正是你的一部分，你也是別人的一部分。心懷怨恨而充滿敵意的人，總是被一種焦灼不安所折磨。我們要明白：當自己憎恨對方時，對方一無所知，而痛苦的卻是自己。醒醒吧！別人對不起自己的地方要及時放下，免得遭到二度傷害。這就是寬恕。如果你無法寬恕，那就把它交給上蒼，由祂去審判，你還是要放下它。透過寬恕，才能發揮大愛，令你在工作和生活上有更多陽光、更多喜樂、更多智慧和成就。

培養你的心力，比起積聚財富和權力，要有用的多。我問過一位年長富商：「你有偌多財富，內心應該很充實吧？」他告訴我：「不！就個人生活而言，財富夠生活就已完成它的價值，超過越多煩心也越多，真正需要的是精神生活的素養，它終身受用。就社會責任和博愛而言，財富重要但不屬於我，經營它成為共同的活水源頭，雖有承擔但無疲累。」我很受這番話感動，這樣的人生真的很有況味。

伍 學習新本事

學習最樂，樂在心領神會的開心；
學習最美，美在豐收時的笑容。
她是我的知心，
她是我的密友。
主動是她的倩影，
隨時親切的相伴；
喜悅是她的明眸，
閃爍著純真秀慧；
創意是她的芳心，
流露出眾的才華，
行動她的巧手，
締造出幸福人生。
我愛我的密友，
我愛我的知心；
終身不渝，長相追隨。

活在一個腦力密集的時代，無論你的生活、健康、工作或精神調適，都須不斷學習。否則就很難回應大環境的變化，而產生適應上的困難。這是個不進則退的時代，不學習就會被社會淘汰。

隨著經濟、社會、政治和文化的進步和變異，人越來越需要新的知識、能力、態度和創意。在職場上如此，在經營婚姻、養兒育女、人際關係上都必須不斷地學習，才能適應良好，甚至休閒娛樂、退休養老，也都要經過學習。

人要憑著自己的知識和本事在職場上謀生。由於生產方式、產品和市場的進步和改變，使得原有的知識和技術逐漸失去它的工具性。每個人所擁有的知識能力，如果不能與時俱進，學習新知，經過一段時間，它的工具價值會減少到只剩一半，這就是所謂的知識半衰期。如今的知識半衰期越來越短，如果不及時進修，跟上腳步，很快就會被淘汰，失去競爭力。

就個人心理調適而言，也不例外。人所用來適應環境的知識、價值觀和態度，如果沒有及時更新，要適應這個變遷快速的世界，亦會發生困難。每個人的生活環境不斷在變化，從結婚到生兒育女，到子女成長獨立，乃至喪偶及創痛等等。每件事都是新的挑戰，都必須學習和調適。人不會永遠年輕、平安和幸福。變故、創痛、挫敗和困頓，都是人生的一部分，我們不得不學習適應。

因此我們需要終身學習。學習能帶來能量，維護身心的健康與幸福，保持人際溫暖和社會功能。我們該學習科技與生產技術、管理的知識和理財之道、養兒育女及健康的知識，以及文化素養與宗教信仰等等。

保持終身學習必須培養幾個心理動力，也就是主動性、樂觀、創意思考和學習行動。就這四個向度加以實踐，便能在生活與工作各方面保持精進。

1 主動學習

主動學習的習慣是培養出來的。你願意每天騰出時間來閱讀，三個星期之後，就能養成初步的習慣。要領是抱定學習的目標，累積閱讀而產生興趣，安排閱讀環境，並和喜愛閱讀的朋友交往，主動性就會維持下去。

學習不僅限於閱讀書籍。我們可以讀書、讀事、讀人、讀萬物。生活在種種機緣情境中，都可從中觀察、體驗、了解和領會。

學習的主動性一開始是建立在個人的好奇和探索上。這是一種與生俱來的動力，是每個人都有的。它需要成功的經驗來強化信心，有健康的自尊，敢於嘗試學習，與別人一起探討、請教或合作探究。更重要的是個體在學習時，抱持明確目標，所產生的誘因，形成長期的動機。無論要學習什麼，都得有目標，才能引發學習的行動。意願是主動學習的基石。

主動學習亦有社會性因素。心理學研究發現，學生從同學互動中所學習到的知識，比教師所教的還要多。一個人能與別人建立良好的人際互動，透過彼此討論、交換意見，獲得更多的啟發效果。威廉·葛拉塞指出小組交談可以分享經驗，促動更多思考和啟發。人如果沒有學習的夥伴，就會失去互相激勵和啟發的力量。誠如《禮記》中所說，「獨學而無友，則孤陋而寡聞。」

學習的社會因素包括與他人交換心得和資訊，共享學習的資源和環境，以及人際互動中所產生的動機。參加讀書會、選讀大學的專門課程、參加社區大學的專題進修等等，都能創造學習的社會動力，衍生活潑的人際互動和合作學習（cooperative learning）的效果。

合作學習可以提升主動學習的動機，互相啟發，產生更多思考和創意，增進感情而減少孤立感。合作學習能提升信心和自尊，陶冶與人合作共事的能力。善用合作學習，可以培養終身學習的主動性和持續下去的動機。

此外，培養主動學習，要克服阻抗心理（resistance）的作祟。它來自過去對挫敗的恐懼、對新的事物裹足不前的疑慮。大部分的人對於新的挑戰、陌生的環境和未知的世界充滿不安。於是對新的知識、事物、人際和環境有著與生俱來的焦慮，從而產生阻抗，不敢放心參與學習。克服它最好的方法就是行動，在參與學習活動中減低焦慮，從累積成功經驗中培養信心和興趣。

主動學習的人勇於任事，敢於嘗試新的創意。他們在工作上表現機先，在生活上多采多姿。主動性強的人持續力好，能做長期的努力，因此較容易獲得成功。班哲明・布魯姆（Benjamin Bloom）的研究指出，獲得傑出成就者平均要花十七年的努力，才能得到斐然的成績，主動性和持續力是他們成功的主要因素。

從實務工作中觀察，心理健康的人都屬於主動學習的人。因為他們終身不停地學習，自我效能強，解決問題的能力好，成就卓越，得到的快樂也多。至於心理調適困難的人則有較多的阻抗和焦慮，無法邁開腳步去學習新知，以致面臨更多的挫折，產生更多心理失調現象。

主動學習是現代人的核心價值，也是追求幸福、豐富人生的必然課題。透過主動學習，才會有成功的職業生涯，有幸福的婚姻和家庭，以及健康的精神生活。我們必須活到老、學到老，才能適應這個變化快速的社會。

2 樂觀促成進步

樂觀的人積極主動，對所接觸的事有較高的注意力和觀察力，他們得到的見聞和常識豐富，記憶較佳，特別擅長現場學習。樂觀的人不會因挫折或不利的環境而懷憂喪志。他們能堅持毅力，有信心和掌控感，因而獲得更多佳績。

心理學家馬汀・塞利格曼（Martin Seligman）研究指出，有些人在學業測驗上考得不理想，但進大學以後卻表現出色；也有很多人在學業測驗考了高分，但進大學之後則表現遜色，關鍵就在當事人是否樂觀。樂觀的人能專注於手邊的事、能凸顯事情的光明面，能看清並接受事情的原貌。正因如此，他們能堅持做對的事，能在工作和生活中學習新的事物，並發揮其創意。

悲觀的人把注意力放在消極面，看不到光明和希望，於是焦慮沮喪，無法堅持下去，從而逃避現實。悲觀是憂鬱的溫床，尤其是面對困難和挫折時，很容易沮喪。一個容易心灰意冷的人不但無心學習，記憶也會受到侵擾，更嚴重的是受現實世界的擺布，容易產生惰性和遲鈍，心情低落、情緒不穩定。悲觀的人對事情的看法集中在預測不幸和失敗，而且把不幸擴大成大災難。

樂觀的人對自己的未來有較好的期許，他願意努力、堅持和學習新知，有較好的創意去面對困難。悲觀的人對未來不抱希望，容易得過且過，缺乏奮發向上的動力，也沒有提升自我效能的打算。因此，樂觀的人會積極進取，悲觀的人則消極失望。

樂觀的人有較多的朋友，學習和成長的社會環境較好。悲觀的人往往人際網路狹小，互相支援和鼓勵的機會減少。因此學習樂觀的思考模式，是成功和健康人生的必要關鍵。

悲觀者的人生態度總是著眼於我不能做什麼、什麼地方做錯了；而很少著眼於我該做些什麼、哪些事有意義，值得努力嘗試。悲觀的思考習慣會壓抑自己的創意，轉化成焦慮和憂鬱。樂觀者則主動開展新機，想像力活躍，行動力亦強韌。

想一想，你是樂觀的人或悲觀的人。請注意！樂觀的思考模式是學習得來的，在上述的比較中，你應該知所取捨，而且要學習樂觀的相關知識，發展成功的人生（參見《學習樂觀，樂觀學習》，遠流出版）。

樂觀的人能持續終身學習，用學習來建構信心和能量，完成一個接一個的目標。樂觀是終身學習的動力，也是成功人生的決定性因素。

3 發揮創意思考

終身學習的另一個心理動力是創意思考。學習不是只跟著別人的發現走，而是要在自己的生活和工作中發揮創意思考，創造佳績。不錯，我們固然必須學習必要的基礎知識，要跟得上時代的脈動，但也要懂得創新，好在職場和生活中創造更多的美好和卓越。

創意思考是有效學習的核心因素。透過它，我們能舉一反三，有了它，才有新的延伸和發現。創意思考建立在明朗化經驗（crystallizing experience）上，它開啟了興趣和對它的神往，從而產生思考和創意。對兒童而言，它開啟了智慧、探索、好奇和學習力。兒童由於父母或良師的賞識和啟發，受到鼓舞和引導，而開啟了學習和潛能的發展。相對的，當兒童受到羞辱、威脅、恐懼和壓力時，就會阻礙智能發展，造成麻痺化經驗（paralyzing experience）。智慧的發展和創意的思考都與情緒有關，焦慮、恐懼、緊張和憤怒的情緒，無法啟開創意思考。

我們是靠想像力和思考來處理問題、學習新知、發展創意的。它需要健康穩定的情緒，才能使智能的運作順遂。想像力加上悠閒的心情，是開啟創意、解決問題的關鍵。反之，想像力加上焦慮，就會形成心理症狀。因此，保持開朗的情緒，培養安定悠閒的心情，是創意的關鍵。

我們在工作上必須用心了解問題之所在，分析箇中因素，蒐集資料，甚至向別人討教，才能做出回應的策略，並找出執行步驟。當你經過一番努力後，要記得給自己一點寧靜和悠閒的時間。你可以去散步，甚至做個運動，讓自己鎮定閒適，就在這時候，創意的點子自然會泉湧而來。許多研發機構會不斷地丟問題給研發人員，要他們研究如何解決，但也提供悠閒的環境，讓研究者有機會孕育創意。創意就在瞬間的明朗化中，悄然出現。這時就要把握契機，把它記錄下來，它就是寶貴的創新智慧。

就神經心理學的觀點而言，當我們陷入焦慮、憂鬱和憤怒情緒時，大腦中的邊緣系統就會傳送負面情緒，甚至觸動潛意識的情結，干擾思考與決策。因此，保持健康的情緒習慣，積極面對現實，做清楚的思考，是終身學習的關鍵因素。

創意思考可以透過腦力激盪（brainstorming session）來互相啟發。參加的成員先了解問題的背景和資料，必要時加插引言，或觀看資料片。然後由小組成員發表解決問題的意見，不互相討論和批評；透過互相激賞，提出更多創意和想法，最後彙整起來，經過圓桌會議討論，往往可以激發出相當有創意的結論或建議。

透過小組動力，激發成員的創意，還有角色扮演（role playing）的方法。它用來了解自己和別人的情緒、情感和價值觀念。扮演時先決定一個開放性的故事（no end story），討論需要的角色，選定成員扮演，扮演之後進行討論，並可增加新的角色。接著再繼續扮演，然後再討論、扮演。最後做經驗的分享和類推。這能啟發成員的感情生活、人際互動及社會適應的創意。角色扮演需要一位有經驗的指導員帶領，效果才會顯著。

此外，參加學術研討會和辯論會等等都可以激發創意和學習效果。每個人的智能結構不同，學習的方法和創意各有擅長，透過小組或團體動力，更能產生新的思考和創意。特別是不同的領域和角色所提出來的見解，最能啟發創意，但很可惜的是，許多人只會孤芳自賞，而不願接受這種啟迪。

4 學習積極行動

想跟隨著時代進步，就得持續終身學習，以充實新知、開啟創意。這是現代人應有的認識。就眼前知識經濟的趨勢來看，缺乏新知識和能力，就等於失去謀生的能力。再就社會變遷的快速和複雜度看，不肯學習的人簡直難以生存下去。

終身學習不是口號或觀念，而是實際的行動。我們怎麼想就怎麼做，怎麼做就怎麼感受。學習的行動要從現在開始，只要著手就會有回報，就能夠領受到求知的滿足感、信心和希望。

終身學習除了學校教育外，還可以透過閱讀書籍、線上學習資源、學校或訓練機構的專業課程等等。只要採取行動，多接觸學習的資源，很容易就會上手。學習行動來自接觸，接觸學習的媒體，就能得到訊息；接觸學習的人，就能獲得榜樣和協助；接觸學習的環境，就能汲取新知並開發潛能。接觸值得學習的人、事和物，就能從中學到新知、觀念和趨勢。

不要跟打混過日子的人為伍。避免與滿腦子往事、了而無新意的人做太多接觸。更不能與醉生夢死的人深交。接觸這樣的人，很容易干擾終身學習的意願和行動。

終身學習不能等到有時間才進行，而要主動安排時間。人一旦離開正規教育，就很難有專屬的學習時間。因此，要透過規劃和安排，把時間騰出來，而且要管控時間，這並不難，大部分持續終身學習的人都在上班時間外，每天留出最合適的時間閱讀或進修。他們善於管控時間，而且有很強的自制力。

在一次研討會中，這些終身學習的奉行者彼此交換心得，總結他們的訣竅：要有好的作息習慣，才可能騰出時間學習和進修；要有好的學習習慣，才能避免干擾，產生專注的效果。他們指出：終身學習是一種習慣，養成好習慣，就能不斷擴充所學，隨時吸收新知。

終身學習者還有一個特質：他們善於從工作中學習，在工作中領悟新知，於業務中精益求精。學習心理學家指出：我們在工作崗位上學習、研究和進步，從書本中得來的約百分之十，從聽聞中得來的約百分之十五，從工作中研習領悟者佔百分之七十五。在工作中研究和觀察，得到的學習效果實在驚人。

有些在職的學習者把讀書或夜間進修等課程當做主要的學習範疇，而忽略了在工作中體驗、揣摩和學習，以致無法累積寶貴的經驗，無法打開心智的活水源頭，變成一個只知死讀書、只要學歷文憑而疏忽本業經營的人，那就本末倒置了。

最好的學習行動是在工作中學習，同時還能在工作之外安排時間學習新知和專業知識。

在學習行動中，要依個人特有的學習方式進行學習的行動。有些人是語言智慧型的人，他們邊讀誦邊做筆記，很容易就琅琅上口，記住所學的內容。有些是音樂智慧型的人，把要學的事物編成歌來唱，或錄在光碟重複聽，以增加學習效果。空間智慧型的人，用結構圖幫助記憶。觀察智慧型的人，透過身體動覺和表演來學習。人際智慧型的人，透過討論和溝通提升學習效果。每個人的學習風格不一，學習的內容不同，在學習的方法和技巧上，都可自行斟酌。

學習的熱情，加上心中的願景，配上行動，很容易就能讓終身學習上路。它需要配合學習的安排、環境和方法，最後，要記得去享受學習的果實，要把學到的東西拿來應用，從而得到喜悅和滿足。這能促進終身學習的持續力，並感受到它的效用。

終身學習的樂趣和豐收有待親自行動和體驗。不親臨其境，便不知道它的好處。我鼓勵你跳入這個多采多姿的舞池，共舞終身學習的樂趣。終身學習不只是一種時尚，更是一種健康的態度。你會懂得先苦後樂，先學習本領，再享受它帶來的好處。願意承擔起責任，先學會如何學習，再面對生活的挑戰。懂得面對現實，把學習變成實用的工具。善於保持平衡，不會在工作、生活和學習中失衡，造成困擾。

終身學習者懂得動腦、動口與動手，願意參與實作，能與人合作學習，亦能把握機會，在交談中交換心得，彼此分享新知，而最終的目的是創造幸福的人生。

我們需要無限的新知，因為所面臨的挑戰，隨著快速的變遷接踵而來。學習使人有本事活得快活，工作順利，調適良好。

陸 找貴人相挺

人生不能落單，
一定要有貴人相挺；
生活不免艱難，
必須有伴才會溫馨。
有緣相攜，生涯就平坦順遂，
彼此扶持，不再疏離徬徨。
家庭和諧了，
現出春風喜樂；
職場和諧了，
生涯變得有味。
透過友愛，
彼此互為貴人，
因為相挺，
彼此分享上蒼的賜福。

每個人都需要貴人相挺。貴人越多則助力越多，貴人越少則助力稀少。貴人來自你的人際關係能力。人際關係良好，社會網絡就大，互相交流和支持的人就多。反之，則生活孤單，心理支持和友情就少。

人際網絡大的人，溝通的對象多元，心智得到的啟發多，學習功能強，信心和自尊高，情意交流亦豐富。他們能力強，人緣好，與人合作容易，在職場上也較易成功。因此，一個人擁有健康的社會關係，就等於有許多貴人相挺。

人際關係能力越好，在工作上能獲得較多資訊，團隊合作表現也越卓越，這都是主管必備的條件。人際關係有兩個向度，一為人際網絡，一為人際支持。前者是外在的結構，包括大小、親密程度、接觸親友數量。後者則是接受別人的支持和付出的狀況。人際網絡小則表示社會孤立，網絡大則接觸頻繁，表示人際整合完整。網絡大的人得到的社會資源多，網絡小的人則多呈現孤立疏離的狀態。

人際支持包括情感、行動、金錢、評價等各方面。人際支持緊密的人得到較多溫暖、友愛和幸福。但有個先決條件，所交往的對象不能是吸毒、酗酒、賭徒等不務正業的人。人際互動好的人，情緒較穩定成熟，身體健康，也比較長壽。當然，他們在職場上表現得較卓越，上司的緣份亦較佳。

人際關係就是自己的貴人。培養人際關係、增加人際網絡和人際支持，就能在生活與工作上互蒙其利。我在工作中發現，人類最大的幸福，其實是建立在人際網絡和支持上的。

我們都期待有好的人際關係，都希望有貴人相挺，但是貴人不會自己來。你必須先去當別人的貴人，貴人才會找上門來。

1 主動與人結緣

如果你能當別人的貴人，在你需要時，別人也會是你的貴人。這需要先付出愛心和熱誠，從和別人結緣開始。誠如人際關係訓練大師卡內基所說的，每個人都渴望被肯定、被關懷和獲得成功。如果你能給對方關懷和肯定，幫助他獲得成功，你就能和對方建立良好的人際關係。

我們在日常生活中無論與親友或同事互動，都很容易陷入自我中心，或露出自我防衛的心態，總愛跟別人爭執，聽不進別人的話，有時別人的話還沒有說完，自己就已經有了成見，以致刻意曲解其意，故意抬槓，與對方對立。於是，彼此的關係陷入僵局，不但沒有欣賞和肯定對方的意見，反而把對方的自尊給貶損了。

這時候的表情、語調和肢體語言，乃至用辭遣字都會走樣。即使你很謹慎地用字遣詞、壓低語調，對方還是能充分感受到你沒有誠意聽他說話，於是人際互動陷入疏離和敵意。心理學研究發現，人際之間的情意交流，表情和肢體語言傳遞的訊息佔百分之七十五。所以自我中心和防衛意識很容易顯露出來，而破壞彼此的互動。

人際交流時，見解可以不一，意見可以不同，但是要有誠意聽對方說話，尊重他的意見，對他的自尊加以肯定和支持。這樣一來，就可以拉近人際距離，而不會得罪對方。肯定對方的用心，並不等於贊同他的意見。支持親友的自尊，並不表示就矮化自己。人如果不放棄自我中心和心理防衛機制，就不容易與別人建立和諧的關係。

我們常看到有些人為了雞毛蒜皮的事爭得面紅耳赤，甚至大打出手。這種事最常出現在家庭中，一般人以為家人可以隨意些，於是容易產生怒斥、貶抑和抨擊，甚至引發家暴，在家庭中失去貴人，至於職場上出現這種失態的人，往往會使人際關係變得孤立，而流失他的人際資源。

有時我們很想肯定別人，但卻做了不得當的表達。例如說得太肉麻，讚美的方式像灌迷湯，做出逢迎阿諛的言行。這都會傷害人際關係，使你的親友與你保持距離。

建立人際關係的第二個管道是關懷和照顧。你願意去關懷別人，付出對別人應有的了解和責任。了解別人的角色、遭遇和感受，願意付出關懷和協助，而且能尊重對方的想法，給予適當的回應。

現代人過於重視自己的意見和感受，以致對別人的了解不夠，彼此間的相互關懷也變得淡漠。我們已失去過去純樸農業時代那種相互交心、互相照顧和關心的美德。除了上班賺錢之外，彼此非常疏離冷漠，互動不多，互相的關懷也少，人際距離變得越來越疏遠。

只要你願意付出對人的關心，彼此有些往來，打破疏離的藩籬，就能引起親切的關心、親密的互動，從而建立起感情，這時彼此之間就有互相支撐照顧的行動，能夠互為貴人，相互照應和幫助。

人際關係的另一個要素是幫助對方成功。當他有需要時，你能及時給予協助，彼此間的距離就越接近。我發現每個人都會感恩及時伸出援手的人，亦願意與助你一臂之力而獲得成功的人保持良好的聯繫。

助人或伸出援手，往往只是舉手之勞。下班時看到同事還忙得不可開交，你主動表示願意協助，幫助他完成工作，彼此之間的互動就會更密切。

人際關係越好，社會資源就越豐富，所知和學習的互動越多，身心也就越健康。研究發現，人際網絡較大的人，免疫力較佳，受感染的機會較少。人際網絡小的人，死亡率高過網絡大的人近兩倍。謝爾登．科翰（Sheldon Cohen）研究發現，人際網絡大的人不易感冒；人際網絡小的人得感冒的機率，是人際網路大者的四倍。我們應該了解，一個孤伶伶的人連病毒或細菌都會欺侮他。

人際網絡是靠自己建立起來的，它是我們的貴人。透過與人結緣，彼此支持、關懷和互助，我們會生活得更健康、更順利、更有味。

2 家庭中的人際關係

家庭成員是每個人的貴人，成員之間應關係密切，彼此互相扶持照顧。傳統家庭及其社會關係是很緊密的，從家庭延伸出去的親戚、家族社交，以及禮尚往來的互動，使傳統的鄉下家庭與社會有著良好的典範。他們互相照顧孩子，感情上彼此支援，金錢上的互助，乃至婚喪喜慶，都有緊密的聯絡和互動。

家庭與家庭之間，以及成員間彼此的互動，使整個村子構成一個人際網絡。他們相互熟識、信任和依賴，從而擴大人際網絡，形成更好的人際支持，增進了彼此的心理健康。我是在傳統家庭和社會中長大的，那兒的人際互動頻繁，有什麼事情發生，族人鄰居都會伸出援手。有人安慰你，有人鼓勵你，更有人支持肯定你。家庭的成員就是應該互相撫慰和互助。

現代社會則大不相同，族人鄰居相互支持的親密不再。大樓或公寓內，連對門鄰居都不相往來。尤有甚者，家庭成員之間各忙各的，很少交談溝通，一味追求成就，相互撫慰和關懷的互動也很少。我在心理實務工作中發現，現代人有較多的心理症和困擾，正源自於此。

心理學研究指出，人從父母那兒得到的溫暖和親密，具有長期支持身心健康的效果。林達・盧塞克（Linda Russek）研究發現，青少年以前是否與父母建立親密關係，對成年後的身心健康，有很大的影響。無法感受到父母溫暖的人，百分之九十一在中年時會罹患疾病；能感受到父母溫暖的人，則只有百分之四十五罹患疾病。從諸多研究中歸納發現，有高度人際支持和社會連結的人，壽命較長，他們在未來的人際互動上較順暢，享有較多的社會支援，當然也活得比較幸福。

此外，感受到家庭成員間彼此友愛支持者，比較能對抗壓力，克服重大的打擊。對於青少年而言，得到家庭成員支持越多，表現得越堅毅，能夠克服感情、學業上的挫折。至於生涯受到重創的人，若有足夠的人際支持，較能堅毅地面對挑戰，克服難關。

家庭和樂，成員間親密支持，是孕育健康和幸福人生的重要因素。家庭的人際支持和互愛，正是人生的貴人。家庭照顧你，溫暖你的心，給你站起來的勇氣。而你不能只享受家人的支援，更要參與經營家庭的功能，讓家庭的人際互動更親密，有更多的肯定、支持、關懷、了解和照顧，家庭成員對外發展的人際關係也較好。

家庭的人際關係，不但影響個人的健康和幸福，也決定個人有多少貴人，可以展現何等的人生。

3 自尊與肯定性

人際關係與健康的自尊（healthy self esteem）有關。自尊是個人對自己的認識和信心。健康的自尊是由個人成功的經驗、與人相處的和諧，乃至對自己能力的信心所構成的。人如果只靠別人口頭的肯定和讚美，以及無微不至的照顧，其所發展出來的是虛擬的自尊。他無法感受到自我效能（self efficacy）和自信，很容易因挫敗而退卻，以至無法堅持自己正確的決定或意見。因此自尊低落的人，他們的肯定性差，在人際互動上產生許多問題。

至於成長過程中缺乏成功的經驗，又受到諸多冷漠、忽略和創傷的人。他們的自尊低落，有著強烈的自卑，無法完成社會化，因而造成人際上的困擾，或者嚴重的人際孤立與衝突。

健康的自尊來自互愛、支持和成功的經驗。因此只要發揮自己所長，獲得和體驗成功的經驗，逐漸累積小勝成大勝，就能提高自尊，在人際互動上表現得自在和自信。

自尊與肯定性（assertiveness）息息相關，肯定性越好，人際互動的品質也會跟著提高。肯定性是可以學習的，透過必要的練習，你的人際品質將可獲得提升。

什麼是肯定性呢？肯定性好的人能夠穩定誠實地表達自己的意見和感情，不會壓抑感受和意見，或做出侵略性的表現和行動。他們做事不會情緒化，能夠說真話，也能維護自己的權益。尊重別人的立場。這些人的人際互動是比較好的。

人際互動時，侵略性（aggressive）強的人會用命令的語氣，強迫別人就範，若對方不合己意，則動怒、指責和辱罵，甚至產生肢體暴力，結果貴人就會跑光。因為大家都不願與他共事。侵略性高的人婚姻較多不順利，子女的成長也較易受挫。

非肯定性（nonassertive）的人的毛病在於軟弱退卻，既容易放棄自己的意見或權益，又會在內心嘀咕抱怨，感到委屈和憎恨。一方面責怪別人不盡情理，一方面明哲保身，從人際互動中淡出。結果人際網絡越來越小，貴人想接近他都沒辦法。

非肯定性的人總是等著別人對他好、善待他的自尊，才能與別人互動。他只能與少數細心體貼他的人做朋友，因此常滿腹委屈，覺得自己孤立無援。

肯定性高的人，與人交往比較坦然。他們忠於現實，是非清楚，但能以溫和肯定的方式表達。他們會維護對方的自尊，也會誠實穩重的表達自己的意見。他們與人交談，容易得出結果，而且是兩蒙其利的結果。即使在處理爭議時，亦容易得到平衡點。

肯定性高的人，在表達意見時，無論語言或儀態，都表現得真誠坦率。他們親切地注視對方，坐得較靠近，表情自然。即使有爭議，也能保持禮貌。他們談笑自在，親和力極佳。在表達意見時不會拖泥帶水，而是自然地表達己見，讓對方容易了解他的本意。

肯定性高的人溝通真誠，不會貶抑對方。他們重視的是行為和事實，而不是去評論對方的品格。他們表達的方式肯定而明白，禮貌而清楚，對事不對人，不抨擊對方，卻會誠懇地說出真切的感受。他們善於用坦誠的肢體語言去表達意見。

肯定性是可以培養的，只要你留意上述特質，就能表現出落落大方的自我形象，增進溝通交流的效能。你的人際關係就會好起來。

貴人就在你身邊，關鍵就在自己願不願意敞開心胸迎接他們。

4 職場上的人際關係

現代人在職場上的時間逐漸拉長。在工作崗位上與同事互動的時間增加。有些人因為人際適應不良，加上工時又長，受不了而離職。從許多離職的個案中發現，人際互動有障礙者所佔比例約在百分之四十。他們不是「開除老闆」自己走人，就是因為與同事相處困難「拂袖而去」。

職場的人際關係長期處於摩擦的緊張狀況，或者彼此冷漠沒有感情，都會使工作效能減低。做為辦公室的主管必須重視這個問題。因為這會讓能幹的貴人出走，使經驗累積和傳承不易，公司業績和工作效率都會受到影響。

從另一個角度看，動不動就負氣走人，也是個人的一大損失。因為這樣的話就無法深化經驗，沒有機會展現真本事。一年換好幾個工作，簡直就是職場上的遊民。當一個人的社會網絡建立不起來，人際資源漸漸枯竭，即使能力再怎麼強，也會覺得有志難伸。

因此職場的人際關係非常重要，無論你是老闆或夥計，都得重視職場人際關係，因為它是你的貴人。管理學教授喬治・柏克萊（George Berkeley）曾提出與上司保持良好關係的守則，包括仔細聆聽，說話簡明；圓熟委婉，態度積極；信守言諾，解決問題；了解上司，保持距離；成就風光，歸於上司。這十個要領，再歸納起來，就是你要有能耐，又要表現出與人相處的智慧。

我常到企業界或政府機關演講，遇有機會就會請教主管們：「你會提拔怎樣的人當主管？」歸納他們的意見，可以得到以下線索：積極負責，主動自信；在專業上熟悉，會帶動部屬；縱橫協調，人際關係良好。如果你想在職場上崛起，這幾個素質很值得參考。

在職場上人際關係好，可以獲得許多優勢。尤其是在服務業、保險業及教育事業，人際關係越好，所創造出來的業績和效能就越高。

如何增加職場上的人際互動能力和影響力，必須要有足夠的自信。我認為自信的來源，是感受到自己的能力。有些人雖然很有才華，但自卑使他失去信心，而使自我的表現能力低落。以致他在人際互動上變得退卻，而失去優勢或機會。

一位懷才不遇的人說：「辦公室裡許多建設性的想法都是我想出來的。但一到老闆召集大家開會，我就只有聽的份。最近，同事升遷了，我還是蹲在原位，真令人洩氣。」我建議他要去感受自己的自我能力，試著表達它。它的要領是：相信自己的能力，設定重要的目標，然後採取行動。信心能產生預期目標，堅持完成該做的事，就能有很好的表現，從而感受到自我實踐的能力。透過這些努力，就能說服自我，產生心力。

5 領導者的智慧

領導是一種人際互動的高超能力。好的領導者是許多人的貴人，因為他能帶領大家創造新機，讓成員彼此互為貴人。教育心理學家豪爾・迦納（Howard Gardner）研究領導行為指出：領導有六個常數，那就是故事、群眾、組織、具體行動、直接和間接領導、專業問題。

領導者透過一個中心故事或觀念，造成個人和團體的認同。於是形成「我們」的意識，讓大家團結起來，共同為一個理想而奮鬥。企業界如此，政治上也是如此。帶領群眾的人際力量，就從這裡開始，而且力量驚人。

領導者與被領導者之間產生複雜的人際互動，亦即領導者的理念和被領導者的願望，在彼此互動中，形成有組織的力量，進而促成重大的改變，創造新的效能。領導者對於目標理念，必須親自體現，才會將這些力量延伸到被領導者，繼而產生極大的力量。

領導者透過個人的威望和影響力，實踐目標或解決問題，產生效果或優厚的報酬，因而令人覺得誠信可靠，而使領導的力量增強。不過，如果成果不彰，只靠吹噓誑騙，願景很快就會破滅。

領導的途徑有二，其一是間接領導，透過理念、威德、學術的聲譽等等產生影響力，帶動風潮，創造新機。其二是直接領導，透過組織和行動去達成目標。兩者都動用了群眾或被領導者的心理動力，凝聚成力量。這兩種方式有時可同時運用，有時則交替運作。

最後是專業知識，領導者必須重視專業知識，並將各層的主管訓練成專業人才，自己也必須與時俱進。專業知識不但是解決問題的工具，也是促進合作、產生信心的要素。

領導是一個錯綜複雜的領域，前述的結構性因素，對於擔任高級主管或最高領導者，都具有啟發的作用。透過這些因素，引發的人際互動，能產生很好的工作效能，創造新的佳績。

人不可能單打獨鬥，必須結合許多人的力量，才能眾志成城。人際互動的力量，就是達成共創事業和身心健康的重要因素。

和諧的人際關係，產生有效的溝通。它能增進感情，加強合作，激發創意，形成更好的團隊力量。當然，人際互動的品質，也是個人幸福、安全感和健康的保證。尤其是家庭和婚姻，若能注重人際和諧的經營，就能締造幸福美滿的婚姻，培養身心健全的下一代。

優質的人際互動讓我們感受到互愛、溫馨和幸福。它使生活變得興味盎然，變得豐足和樂。成功的人生，就要從經營人際關係著手。

人生不能落單，必須找貴人相挺，人際關係就是尋找貴人的契機。把這件事做好，你會得到豐厚的報償。

柒 工作不忘生活

生活的態度，
原來是，健康和幸福的守護神。
工作的習慣，
原來是，成功和幸運的大施主。
只要你歡迎，
隨手賜予開心的日子。
只要你招手，
及時化做效率和卓越。
他們永遠挺你，
賜給你自尊和成就，
討得你的歡喜。
他們永遠挺你，
只要不當工作狂，
當下喜樂自在。

工作能養活自己，令你精神振奮，生活不再無聊。世上不需要工作而不虞匱乏的人不多。實際上，那些生來富有的人也是要工作的，否則就會覺得空虛，沒有存在的價值感。

工作使人生有目標、有挑戰和覺得自豪。因此，工作勤奮的人往往也是快樂的。不過，人生並不是只為了工作，還有許多重要的事。如果把工作視為生活的全部，爭權奪利，汲汲營營，而不知調適，耗費心力在名利場上追逐，而沒有發展精神生活。那麼工作就會帶來巨大的壓力，令人身心俱疲，降低生活品質。

許多疾病與現代人的生活緊張很有關係，如心臟病、高血壓、潰瘍、憂鬱、焦慮等等，都與工作壓力相關。不過，工作是非做不可、無法逃避的，但要避免精神壓力過大，造成身心的痛苦和創傷。它的關鍵就在於工作的態度。

什麼是工作態度呢？包括選擇與自己志趣相近和能勝任的工作、能夠享受工作的樂趣、懂得事半功倍的管理技巧、養成良好的工作習慣、不當工作狂等等。眼前這個社會，普遍在工作態度上有嚴重的偏差。最主要的關鍵是工時過長，負擔沉重，緊迫趕工。最值得注意的是，為了達到工作目標而把人當機器，為了提高工作效能而把生活當手段。

人當然要勤奮工作，但要讓工作有效率、有趣味，就必須懂得享受工作上的樂趣，但無論如何不能當工作狂，把自己變成工作的奴隸。以下是一些卓越的工作態度。

1 良好的工作習慣

好的工作習慣能使自己變得能幹、有效率、專注，達成預定目標，又不會沉迷於工作。別以為勤奮努力就是好習慣，當你忙得無日無夜、超時過勞時，會讓自己筋疲力竭。工作有效率又能安排時間休閒，才是良好的工作習慣。

良好工作習慣的第一個要素是行動。面對工作不要推拖，不要遲疑，動手去做就能產生工作的情緒和思考。觀察工作效能低落的人，有個共同的現象：我還沒準備好，所以沒有動手去做。其實，最好的方法是說做就做，讓你想完成的事真正動起來。

有些人一早到辦公室或工作現場先東摸索西試探，翻翻雜誌，上網亂逛，過了半晌還沒開始行動。有些做業務的人跟同事東說西聊，行銷的正事卻完全沒動。寫文章最難的是開頭，寫信難下筆的是第一句。做任何事只要開始行動，就能順暢地往前推動。

一位做保險業務的朋友說：「一天中最困難的就是第一通電話和第一個拜訪，只要一啟動，就會有順水行舟的感覺。」我動手寫這本書之前，資料和�記一應俱全，但總沒有勁開筆，心有餘而力不足。這樣拖延了一個月，一天上午我運動回來，坐在書桌前，命令自己「就從現在開始」動手寫作，勉強自己不要站起來。就這樣使思緒明朗起來，工作的動機也出現了。

我問過許多人，他們的工作各不相同，但答案卻一樣，「及時採取行動，說做就做，工作自然水到渠成。」這不是說你可以魯莽行事，毫無準備，而是表示行動要及時。

專心與勤奮，是良好工作習慣的第二個要素。當你專注於工作時，要像有個沒法穿透的防護罩保護著你，把外界的干擾隔開。這樣才能將自己的自我功能擴大，產生積極勤奮的態度，讓能力和創意都充分地表現出來。一個人能專心地處理業務、銷售產品、進行研發、撰寫計畫，其潛能就得到激發，解決問題的能力也會升高，並產生積極的影響力和勤奮振作之心。

專注與勤奮分不開，你能下定決心專注於工作，就會產生勤奮的態度。這時工作的目標明確，思考和回應能力敏銳，表現得特別卓越。

第三個要素是時間安排。做事有效率的人都懂得安排時間，讓工作進行順利。時間若未加控制，容易在不自覺中流逝；東摸西碰，好像很忙碌，但一天很快就過去了，卻什麼結果也沒有。許多學生在渾渾噩噩中度日，書沒讀好，作業沒做，考試成績更是見不得人，就是因為缺乏時間掌控的機制。

安排時間，要訂出時限，確定要達成的目標，專注地投入，就能順利達成期許。我鼓勵中小學生每天放學回家後，給自己訂下當晚的功課時間表，註記作息項目，如複習、預習、休閒和該做的功課等等，並訂下上床睡覺的時間。這樣才能提升學習效果，促進學業進步，並使生活作息正常。

無論是上班族或自由業，都必須妥適安排時間。起居有規律才會健康；作息安排得當，工作效率自然提高。從實務觀察發現，有些人下班之後呼朋引伴玩樂，直至深夜未歸，次日則昏沉無力振作，工作績效低落，終致被辭退。

我們的工作需要新知和能力，你的同行裡必有高手，你必須向他取經，向他看齊，然後立志超越他。你心中的偶像越能幹越好，拿他當陪跑員，最後你會跑得比他還快。能找到同行裡傑出的人當做砥勵你的對象，一定會有好的業績出現。

2 注重效率

我們都希望工作減少但成就增加。這句話說明了效率的意義。不過，這不是要你減少工作，縱惰享樂，而是要事半功倍，產生良好的工作效能。最近的研究發現，有些人拈輕怕重，以致無所作為。許多個案顯示，逃避工作也是困擾和心理症狀的來源。

人要負起責任，講求方法，排除干擾，掌握時效，才能達到事半功倍的成效。效率良好是採取適當行動的結果。態度消極，做事不專注，甚至不肯負起責任，就會令效率低落，甚至碰上倒楣的事。反之，一旦承諾了自己的責任，盡力做一些改變和努力，成就自然會提高。人在扭轉劣勢時所做的努力越多，心境就會越好，做事的效率也就提高了。

從實務工作中觀察，影響工作效率最大的是心境。怠惰或有憂鬱特質的人，給他再好的工作條件，都創造不出良好的效率。他們常因小事困坐愁城，人際互動僵化，合作和創意不足。對於這些人，我會提醒他「採取行動，做一些使自己有所作為或有意義的事。」在工作上做一點小小的努力，可使自己的價值感提高；做點積極的事，改善自己的工作效率，就能多賞識自己一些，從而產生極強的幹勁。

個人應付挫敗的態度也直接影響到工作效率。人不可能樣樣都完美。事實上，某方面成功的人，有可能在另一方面很挫敗。某甲工作傑出，但在子女教育或婚姻上有可能面對挫敗。我們不能犧牲生活的價值去換取某方面的成功。如果你不懂得處理這些生活上的危機，很可能會折損掉豐厚的成就。在工作上也一樣，不善於處理挫敗的人，往往會氣急敗壞，沮喪洩氣，甚至破壞了原來成功的部分。

人要學習處理挫敗，勇敢地自我檢討，做出新的改變。要面對問題，接納現實，從中汲取教訓。這能提振你的心性，讓你在工作和生活上，都能維持良好的態度和效能。

挫敗不能與羞恥混為一談。世界上誰沒有挫敗和馬前失蹄的經驗？重要的是要能接受、包容和檢討，做些新的調整和改變，全新的效能自然會出現。

此外，直接講求工作效率，也是個核心課題。首先你必須隨著時代的嬗遞，學習新的能力。有些人抱怨自己老在原地踏步，得不到升遷的機會，好像受到許多委屈。事實上，他沒留意到自己有否與時俱進，在工作中學習，提升工作效能和品質。主動學習的人工作效能好，預感能力強，知道如何預作準備，應付新局。這些人對於危機的鑑識和處理較敏銳，能減少許多不必要的損失和困擾。

要讓工作效率好，不能沒有工作重心。忙碌和複雜的資訊所帶來的紛擾常使人六神無主，失去篤實工作的心情。要做有效率的安排，釐清輕重緩急。事實上，許多表面上的急事，重要性並不高，你可以做適當的回應，但要保持清醒，專注於那些真正重要的事。有許多人終日在瑣碎的急務中瞎忙，例如因塞車延誤時間而跳腳，與同事意見不合而陷於爭議和衝突，因口耳相傳的是非而氣惱紛擾等等。這些事情在自由開放的社會中層出不窮，如果你整天都煩惱這些無足輕重的小事，就會效率低落，辦不好正事。

人要懂得忙裡偷閒，能同時處理另外一件事，比如你要去開會，在車上或候機時可以構思企劃、閱讀報章雜誌、汲取新知、記憶重要的資料等等，效率是做出來的。反之，在空檔的時間無聊發愣，那才是浪費生命。依我的觀察，大部分的人疏於管理這些瑣碎的空檔時間，一天下來浪費的時間比工作的時間還要多。結果下班後卻挪用與家人互動的時間，去做他未完成的事，從而影響身心健康和家庭生活。

現代人也有很無奈的一面。企業管理的主流觀念雖然重視績效，但是當績效要求不斷提高時，人們就得付出更多的時間和努力，去追求他們期望的效率。這表面上是激發人們的工作意願，但大家過度工作，極度疲勞，反而帶來反效果，令工作效率下降。特別是企業的研發部門，長期採用這種策略，疏忽了休閒對創意的價值，最後就會失掉競爭力。

3 開心的工作

個人對工作的看法，決定自己對工作的感受。工作讓自己有發揮實力的空間，讓生活變得充實，並能在工作中享受友誼，讓未來充滿希望。抱持這樣的看法，就會感到自己的前途一片光明，發展的機會很多，其情緒表現得樂觀快樂。這樣的人較能享受工作，心情比較開朗。反之，對工作的解釋若只是為生活而工作，沒有什麼願景，就會覺得工作乏味無趣。

心理學的觀點是，人生中的陰影，大抵來自他對自己際遇的解釋。因此，同樣的工作，有人會做得歡喜起勁，認為他正在累積經驗，相信明天會更好，有些人則抱著無奈和勉強，老覺得自己運氣不好。

工作不愉快有很多原因，最主要是沒有成就感，如待遇少、沒有意義、無發展性等等。實際上，工作有沒有價值和意義是主觀的想法。有些人從學校畢業後一直從事基層工作，卻樂此不疲，因為他覺得自己一直在學習和成長。有些人很快就找到人人稱羨的工作，卻覺得沒什麼前途。積極樂觀的人，到哪裡都看得到明珠；消極悲觀的人，即使手捧金飯碗，還是看不到它的價值。

觀察人們的工作態度發現，能給自己預留退路的人，對於現職較能享受到樂趣，心情也輕鬆許多。而那些丟不起眼前這份工作、要為五斗米折腰的人，不但有窘迫之感，對工作的樂趣也會大打折扣。因此，對前途有信心的人，心情比較快樂穩定。

現在的工作正是你的遭遇，「人可以選擇未來的方向，但無法選擇遭遇。」一般而言，不斷挑剔眼前工作的人往往是不快樂的。他很容易自怨自艾，把工作情緒弄糟，甚至在工作上表現不好，因而被炒魷魚。最好是好好地專心工作，花點心思衡量未來。

如果你屬意公司哪個部門的職位，就得腳踏實地，學習新的技能，建立良好的互動關係，找機會加入那個團隊，並願意從低階職位開始做起。這不是要你自降身價，而是要先找到喜歡的工作，在那兒累積經驗，接受培訓，進修學習，才能引發積極的態度和勤奮的鬥志，激發信心和主動性，等到學驗俱豐，就能揮灑自如，展現自己的才華。

觀察許多人的工作態度發現，有些人懂得享受工作，有些人會抱怨工作。享受工作的人，每天有明確的目標，有努力的斬獲。他們評估自己的收穫，是多元而非僵化的。享受工作的人即使遭遇挫折，也能從中汲取經驗說：「好在這個失誤及時發現，我學到新的教訓！」享受工作的人積極、有充實感，能穩定地把工作推到另一個卓越的層次。

享受工作是可以培養的。你必須抱持樂觀的思考模式，對自己的未來有良好的預期。無論任何工作，都願意從做中學，擴大自己的視野，就會有預期的收穫。當你把現在的工作當成你向上提升的基地時，它就是有價值、有意義的，值得全心投入，樂在工作，展現你的喜樂之心。

只要抱持喜樂去接受工作上的挑戰，把工作做好或達成任務，就會有成就感和滿足感，那就是享受工作和開心工作的要務。

另外還有一個要領，就是工作時工作，休閒時休閒，避免把工作帶到其他重要的生活領域中。現代人常以工作取代生活，因而影響身心健康，破壞了休閒和家居生活，反而會失去工作上的創意和精神力量。

此外，你還要持續終身學習，讓你有應付變化和解決問題的本事，才會有愉快的工作心情。

4 不當工作狂

熱愛工作是人生的一大福氣。它帶來人生的意義和成就感，並引以自豪。但如果把生活與工作混為一談，將自尊完全建立在工作上，就陷溺其中，無法自拔。每天不停地工作，沒有休閒和嗜好，失去與家人互動的樂趣，只會一味地受工作的衝動驅使，結果工作過度損及健康，失去生活的品質。

工作狂把自尊完全建立在工作上。如果工作順遂，就會增強他往前衝的動力。但是，盲目地往前衝未必保證會有好的成果。工作狂往往會因創意耗盡，以致工作品質降低，一旦遭遇到重大的挫折，自尊就會受創，造成嚴重的失落感。工作狂退休之後很容易頹廢沮喪，因為無法工作對他的人生是一大打擊。

工作狂的特質是，把人生的價值全放在工作的表現上。他特別需要別人的讚賞，也比較會誇示自己的成就。他們特別需要身分地位，老是依賴別人的看法來肯定自己。他們勤奮工作，容易獲得晉升，但因缺乏休閒，創意和想像力容易耗竭，很難有機會晉入最高層。他們可以成為優秀的業務員或中級主管，但不適合當總經理。

工作狂的人性子急，經常迫於時限，拼命苦幹，又急於表現，容易損及健康。這種受工作強烈驅使的人，若在過度追求效率、工時不斷延長的公司，會弄得心力耗竭，問題叢生。家庭生活也會因此緊張過度，凡事嘮叨不停，沒有心情度假，容易焦躁不安。即使強制他們休息，要他們度假，還是無法放鬆心情，老是拿著電話指揮辦公室，而弄得心神不寧。

不想當工作狂，就要讓工作與休閒平衡，生活與工作同等重要。要培養良好的興趣和嗜好，讓自己的心境得到陶冶。每個人都要扮演多重角色，包括配偶、父母、子女、朋友等等，要適當地扮演這些角色，才能使生活充實，精神生活舒暢。當然，每個人的興趣都不相同，在運動、藝術、閱讀、宗教和造訪大自然各方面，也應情有所鍾。此外也要發展家人間的情感，培養共同的嗜好、休閒和精神生活，才能讓心靈得以調和平衡。

我們要認真工作，同時也要學習忙裡偷閒，找點嗜好讓自己放鬆；做點雅事，諸如品茗、賞畫、欣賞音樂、讀一段名著或詩篇等等，讓心境得到調劑。或每天抽點時間運動，保持作息正常。週末則安排一些旅遊、登山、觀花等賞心悅目的事。工作時認真工作，休閒時知所調養，就能做更多的事，走更遠的人生路。

工作狂非常拘泥於工作的紀律，但練達能幹的人卻能隨遇而安，依實際狀況去做生活上的調整。因為他們能寧靜致遠，進而帶動創意的發揮，達到工作目標，並保持自在的心境。

練達的人雖然重視工作及效率，但他們不會接受過多的應酬和任務。他們能衡量自身的能力，婉拒不必要的外務，因此其時間運用和工作效能都能保持在高峰狀態。

人生是一個整體，工作之外亦應有自己的生活，不但要有雅興，涵養自己的精神和信仰，保持體力和健康，而且要與人和睦相處，與同事真心互動，就能改善工作關係，使工作更有效率，氣氛更加融洽。

工作的態度影響效能、成就、健康和生活品質。你該勤奮工作，但不能把所有的人生價值都放置在同一個籃子裡，這會在工作上得不到多方面的援助，以致無法有所成就。更嚴重的是，工作的壓力無法得到釋放和調節，以致健康日損，甚至減損壽命。耽溺於工作，不但會毀損前途，降低成就，甚至還會危及健康。

我們應該勤奮工作，從工作中獲取意義、價值和豐收。但工作之餘也需要調劑，給自己精神的養料，才有更好的精神去應付工作和生活。

你需要好的工作習慣，才能提升效率。你更需要好的心情，才能保有創意和持續力。最後，要特別注意，有個錯誤不能犯，那就是過度狂熱地工作，這會使你耗盡心力，失去創意，陷入盲目，卻得不到卓越的表現。更嚴重的是，它危及健康和幸福的生活。

捌 把握以簡馭繁

以簡馭繁，
必能掌握全局；
以少搏多，
便是孕育萬有。
簡樸的人，
多高明任事；
清醒之士，
少紛繁猶豫。
創意源自單純，
機先出自寧靜；
煩惱鎖心者無明，
多慾放任者少定。
捨下紛亂，就能創作發慧；
自持簡單，終究喜樂豐收。

生活在一個自由開放的社會，競爭劇烈，忙碌紛繁。我們亟需要以簡馭繁的生活態度，否則時間會被瑣碎的事浪費掉。生活態度越是簡樸，思考就越能精細，創意和判斷也就更清明。

許多人把時間浪費在鑽牛角尖裡，稍不如意就心亂如麻，為了小小的挫折，就困擾煩憂，花太多時間在擔心、沮喪和憤怒上，腦中所想的都與現實生活無關。這些容易憂煩的人，常常陷落在情緒紛亂的陷阱中。

生活複雜的人，心境也跟著複雜。生活在價值多元的社會裡，極易陷入矛盾和猶豫，以致無法專注思考和工作。另外有些人會迷失在各種誘惑裡，隨波逐流，不能自拔。心境越是複雜紛擾，自我功能就越差，解決問題的能力也越低落。

簡樸的人能清楚分辨輕重緩急，能把時間和精神做有效的應用。簡樸的人容易集中注意力，心無旁鶩，所以做起事來比較周密，能按部就班達成任務。

現代人的生活態度複雜，普遍有著外控的性格。大家都認為有價值的東西來自外在世界，於是如飢似渴地向外追逐。過度強調財富和物質主義，容易使人煩躁不安，甚至不斷地更換工作，以致無法累積經驗，開展自己的所長或專業。

簡樸的生活是成功人生的特質，生活素樸的人，心智清明，所以能勝任大事，明朗地做決策。他們能培養以簡馭繁的智慧，遇上紛擾也容易化解。他們寧靜致遠，能發揮才幹和影響力，去達致既定的目標。

簡樸有益於發展細密的思考和敏銳的觀察力，它也能使我們的情緒穩定，讓腦力有很大的發揮。

1 保持簡樸的心

內心儉樸，不被過多欲望所困，所以能自由清醒地思考。因為沒有成見、偏見和刻板觀念，所以覺察力較好。

簡樸的人具備覺察敏悟力，對人和事物的感知比一般人強，較能觀察及掌握事實真相，不會被枝微末節所干擾。因此，他們對現實的領悟比別人多，擁有敏銳的自由心靈。

談到自由心靈，佛陀曾經做過很好的比喻。祂說，我們的慾望、我執、敵意、貪婪、憤怒和不安等等，就是心靈的牢籠。它會讓人變得無明，陷入煩惱與痛苦。學習簡樸的生活，是我們解脫自救的方法。只有脫離這些羈鎖，我們才能得到自由和智慧。

這個能使心靈活躍起來的簡樸生活，就是禪宗修持的核心課題，禪定就建立在這個基礎上，禪的穎悟襟懷就是從這裡發展衍伸的。因此，學禪的修行，必須先從簡樸沒有雜染著手，透過禪坐及禪觀來達到進一步的心靈開悟。

我認為現代人要想生活得清醒自由，應修習禪學，透過禪坐和簡樸的生活，使心靈安靜和自由，而且還能提升專注力。根據神經科教授詹姆斯・奧斯丁

（James Austin）研究指出：禪的修習和打坐，導致多巴胺、正腎上腺素和血清張素的釋放，繼而產生法喜和專注，並抑制五蓋（貪、瞋、睡眠、悼悔和疑），避免大腦皮質過度興奮。這種內在的專注，有助於清醒和記憶，並促進腦內啡等物質的釋放，產生喜悅的心情。

長期打坐修禪能使主觀的我執，或自我中心的偏見，漸漸消褪，這就是所謂的放下塵勞。這種訓練使人不被我執和成見所困，能更清楚地處理正在進行的事物。簡樸和禪坐的訓練，能引發直覺和當下的體驗，使腦子更有效地處理資訊。專注、安定和直覺，使我們擺脫舊有的執著、成見和自我中心，產生開悟和了解事物的真相。這往往是全新的觀念陳現（請參考《禪與腦》，遠流出版）。

多年來我修習禪的教法。它讓我在生活和工作上有較多的覺悟和創意。讓我有更多寫作的領悟，也讓我在生活上流露出豐富的法喜。奧斯丁用神經科學解析禪與大腦的關係，因他是禪的實踐者，接觸禪達三十餘年。他的研究和指陳值得我們重視。

簡樸的生活態度和禪坐，以及對公案禪法的參修，能讓我們解除紛繁和執著。更重要的是，它能使個體從自我中心和成見中解脫出來，成為一位清醒的覺察者。現代人應修習禪法，才不會在社會多元的價值中迷失，才不會執著在浮世急潮裡，隨波逐流。

簡樸的人才能以簡馭繁，適應資訊泛濫的現代社會。

2 堅持理性思維

理性的思維能克服紛亂的情緒，在猶豫或觀念渾沌的情境中，認清方向，產生行動力。生活在資訊泛濫的時代，同樣一件事，在網路上可以有千奇百怪的想法和建議。你可以瀏覽閱讀，但不能人云亦云，反而應該冷靜的思考。因為你要為自己所做的事負責。

用理性來駕馭情緒，才能做出正確的思考和抉擇，從而產生適當的行為。簡單的說，人如果違背理性的思考，任由偏狹執著的感情或情緒支配，就會感情用事，把原本簡單的事，弄得複雜且問題重重，甚至衍生出心理症狀。

心理學家亞伯特•艾利斯（Albert Ellis）指出，理性思維可以化解負面情緒，從而對事情有新的認識、判斷、決定和行動，把一個人從紛擾不知所措中解救出來。人之所以會變得煩擾苦惱，是由於觀念錯誤，比如說，自己應該表現得體，贏得讚美，否則就是失敗；別人必須公平對待自己，否則就很遜；凡事必須盡合己意，否則活著就沒有面子或沒有價值。人只要困於這三個執著中，心思就會紛亂困頓，甚至因此做出扭曲或錯誤的決定和行動。

阻礙理性思考和行動的因素很多。首先就是不肯及時思考和行動，任由問題拖延擴大，把自己困住。有些人身體有病，卻拖拖拉拉延誤就醫，而讓病情擴大，造成嚴重後果。有些人自認應該每天運動，或及時教育子女、孝養父母，但他們卻推拖慵懶，沒有及時行動，最後追悔莫及。尤其是輔導子女改過遷善，若不及時，等到問題擴大，就會陷於憂擾，墮入極端痛苦之中。此外，孝養父母不及時，等到子欲養而親不待時，內心受到譴責，總是隱隱作痛，揮之不去。

武斷、倉促、任性是阻礙理性思維的第二個因素。這些人性急又自恃甚高，無法接受別人的意見，強烈抗拒與己不同的論調，嚴重時甚至會怒目相向，衝突交惡，讓紛繁延續不斷，浪費時間，甚至拖垮自己。

草率行事是造成煩惱的第三個因素。他們把未經證實的臆測或奇想當做決策來執行。異想天開不是創意，不肯蒐集資料、未充分了解實情就做決定的人，往往會吃大虧，陷入嚴重困境。有些投資人陷入這種衝動，而令自己血本無歸。我的晤談個案中經常出現這種受害者，他們常突發奇想，不肯多花心思弄清楚真相，而陷自己於困境中。

理性思維使人能有效面對問題，預擬行動方案和步驟。這需要花許多心思蒐集資料和審慎歸納，從而形成決策和方法。這套思考路徑看來費時，其實是以簡馭繁最好的選擇。

擺脫成見、草率和性急，用大腦冷靜地想一想，再做出決定和行動，才是成功的保證。投機式的冒險是魯莽，而非做事的正途。

3 創意行動

創意是以簡馭繁的重要途徑。一位媽媽為了養成孩子做家事的習慣，要求三個孩子一起打掃房舍。孩子們遲遲沒有動手，於是她把每個人的工作分配好，寫在一張白報紙上，用報夾掛在牆上。這位媽媽沒有生氣，也沒有責備，孩子們很快就各自完成自己的任務。很顯然，創意是以簡馭繁的根本方法。人類之所以能不斷進步，就是能用創意，把複雜的技術和步驟化繁為簡。

在面對問題時，只要換個角度想，就會有全新的想法。我常被問道：「在這樣的處境，我該不該辭職？」我當然不能替他做決定。但當事人被詢及「這個工作付出多少代價？你得到的報償如何？」時就帶動了清醒的思考，很容易就得到答案了。有一次一位公司主管問道：「該不該解雇這位工作效率不彰的職員？」其實他該問的是：「如何提高員工的工作效能？」我們處理問題的向度往往決定創意能否出現。

創意來自努力思索後的悠閒。你努力蒐集資料，詳細閱讀、整理和分析，做成研判之後，要擱置一下，讓自己有機會悠閒下來。這時新的見解和創意就很容易浮現。許多研發單位要安排休閒的區域，讓那些埋首研發的人能適時運用悠閒的心靈，去迎接新的創意。尤其是在心境悠然神馳的時候，心智和想像力最為活躍，很容易把原來思考的觀念向外延伸成為全新的創意。

創意有時來自兩種不同觀念的激盪（compressed conflict），那些跨足兩個領域的人，在解決問題時，會因為兩者的激盪，而產生全新的解決之道。有許多人在工作之餘，另外學習新知，原先只為了興趣，但卻從中激發新的創意思考。

心理學研究指出，焦慮、憂鬱、憤怒和緊張只會抑制創意；悠閒、放鬆和平靜安詳卻能帶來創造。如果你能以簡馭繁，創造的心智自然就會出現。

專注是創意思考的另一要素。人若心無旁騖，就能在諸多干擾中，專注完成所做的事。專心是一種習慣，它能抗拒外界的引誘，讓你不會在紛繁的情境中失去方向，維持安定、學習或工作的效率。這些人都有一個習慣：目標清楚，能迅速處理必要的雜事，馬上又能回到當下做該做的事。他們把握簡單的要領，讓心智產生更高品質的運作。無論是讀書、研究、寫作或其他工作，都必須以簡馭繁，維持專注，效能才會提升。

運動員或各類參賽者都懂得以簡馭繁，才不會在比賽時心慌意亂，失去專心致至的精神力。高爾夫球員在球場上揮桿擊球的當下，只專心精確地想著要把球揮送到落點，好像在實境中畫一條運球線到落點般。橄欖球員和籃球球員也深諳專注之道，善用他們的靈感和知覺，在當下做出最神準的傳球和射球。

放下一切得失觀念，讓自己回歸到清淨敏悟的心智狀態，最能發揮潛能和實力。任何工作都一樣，簡單使人的潛能和創意得到最好的發揮。

專注的生活、運動和工作是效率的主要來源，也是樂在工作的表現。專注的休閒、遊戲和家居，也會帶來無盡的喜樂和自在。

人在工作和比賽獲得勝利，或名利雙收而有高社經地位時，如果不能以簡樸寧靜的心去看待這些成果，心靈將會陷入複雜的境況，帶來新的困擾和煩惱。有人問我：「贏得大成就之後該怎麼辦？」我告訴他：「我雖沒有這個經驗，但我知道要以無所得的虛心，去面對眼前的榮景。」

行動是創意的條件，若不願意換個想法，不懂得善用努力思索後的悠閒，未養成專注、寧靜和簡樸的態度，就很難有好的創意去解決問題，開展效率和新機。

4 學會寬恕與放下

寬恕是以簡馭繁的良藥。現代人生活在一個複雜多變的社會環境，利益衝突增多，人免不了受到冤屈、創傷或損失。如果不能釋懷，怨氣長年累積，就會滿腹憤懣。人在受到不公平對待或惡意的傷害時，很容易滋生仇恨，心懷惡念。這會讓人寢不知眠，食不知味，心理紛亂到無法工作。

懷恨在心、得不到申訴都會增加沮喪和無助，使情緒更加惡化，嚴重損害健康，重挫生活品質，甚至罹患重病或死亡。怨恨就像硫酸一樣，會漸漸腐蝕心智，令你六神無主，煩擾不安。因此，當受到傷害或委屈時，應找機會向對方表示自己的無辜，這樣比較能夠釋懷。不過，能當面以實情質問和說清楚者並不多見，因此必須學會寬恕。

寬恕的目的不是為了對方，而是為了自己。因為透過寬恕，許多怨懟就會冰釋。這是你重生和恢復健康的機會。不過要寬恕別人，說得容易，做起來就難多了。一位女士受到前夫的家暴和凌辱，離婚之後還是憎恨與恐懼。我告訴她：「要寬恕。」她咬緊牙說：「我永遠不會寬恕。至死都不會寬恕。」我解釋道：「所謂寬恕，是把這件痛苦往事從心中拿開。想想看你前夫的罪惡，必定有其惡報。他自作自受，但不是由你來承擔。處理因果報應的是上蒼。祂那裡資料清楚，你就交由祂去辦吧！現在我帶你向上蒼禱告，請祂為這件事做主。然後你要放下它，這就是寬恕。」在禱告中，這位女士放下了心執，仇恨也漸漸減輕。

在創傷怨恨中，如果能透過了解，知悉對方情非得已，就能夠包容而寬恕。有時，我們再看到對方，發現他原來是那麼脆弱、無知和困頓時，也會有情堪憫恕之心，而放下怨恨，忘懷過往的創痛。放下創痛，捨去紛繁的糾葛，就能得到新生，這就是以簡馭繁最好的辦法。

仇恨的心結是很難釋懷的。所以有些人會採取以牙還牙、以眼還眼的態度。但這樣一來就會把事情變得更複雜，有時還會觸法犯紀，帶來更多困擾。所以，寬恕是面對仇恨最好的方法。它能解脫心智被箝制的痛苦，同時也能打開希望之門。

此外，放下憂傷和感情創痛，也要以簡馭繁。心甘情願去適應新的環境和變局，放下對過去的眷戀，就不會自怨自艾。人不再要求盡如己意時，便會有勇氣活在當下。這時生命開始茁壯，願意接受現實，從而邁向全新的人生。

放下的真諦，就是不要為無可挽回的事情愁苦。如果我們受到別人的傷害，絕不可讓它進一步傷害自己的精神。尤其要提防的是，它所產生的怨恨與自憐會使你的精神沮喪或崩潰。切記不要沉迷於自己的不幸。

5 簡單過生活

人的生活越簡單越好，欲望越少越能心曠神怡，可以不必天天在紛擾的痛苦中傷腦筋，也可以不必天天超時工作。人必須勤奮工作，但也要維持簡單的生活。欲望少些，生活勤儉些，就會得到寧靜、滿足和快樂。

簡單的生活容易活絡滿足感，在生活中領受較多樂趣。複雜的生活則讓心靈變得遲鈍，領受不到悅樂和生活的滿足。安排過點簡單的生活，讓清淡的食物變得甜美，迂迴的鄉間小路變得迷人，家裡孩子的歡笑變得妙悅動人。如果慾望無限，享受很快就麻醉你的神經，追逐會阻斷你的喜悅，生活中的快樂就會漸漸消失。

慾望減少，不見得就得降低你的勤奮和工作效率。據我所知，每個人的潛意識裡都有著詩情畫意般的心境。只要你減低慾望，就會有全新的興致，讓你享受眼前的時光。翠綠的山坡比名畫更美麗更生動，清朗的下弦月也會變得恬靜怡人，夕陽的彩霞則能令你開懷自娛。

人生旅途中，難填的慾壑就像濃霧，會阻斷人生的美景。多愁多怨就像低垂的夜幕，令你看不到美好的未來。過少慾和簡單的生活，才有機會享受人生之美。不要等到買了一輛名車，才想到要駕車到郊外踏青，任何一個週末都可以行動，坐公車或騎單車就可以辦得到。不要等你賺夠錢才想要旅行，只要肯安排，快樂的旅行不難實現。不要等到退休才想要怡養心性，其實天天都有機會陶冶心境。

人要懂得以簡馭繁，人生的旅程才不會被煩惱的葛籐羈絆，才能順利愜意。擁有簡樸的心智，才會有清醒的思維和敏悟的心志。能用理性駕馭情緒，才會有安祥寧靜的心境。有創意的行動，才能有效解決問題，事半功倍。願意過簡單的生活，才可能盡情享受人生的悅樂。

簡單是人生的寶貴智慧，有了它我們才有快樂和喜悅。懂得以簡馭繁之道，我們才有更多豐收和幸福。

玖 轉個念頭大不同

別說決不，
它是精神貧乏的惡魔；
切莫回首，
往事會阻斷你的新機。
轉個念頭吧！
創意能帶來希望；
轉個念頭吧！
新愁舊恨可揮別。
轉念之間，去歲換愁年，
轉念之間，春來物色鮮。
生命的美好，
就在創意轉念中，
帶來溫馨，帶來豐足。

人免不了碰到不如意的事。若能轉個念頭，用不同的角度去看它，就會有全新的視野和見地。用積極的態度去看，就會有正面的行動和心情。用消極的眼光去審視，就會推演出退卻憂鬱的心思。念頭轉個方向，看法大不相同，行動也完全改觀。

我們無論在感情、工作、婚姻和健康等各方面，不免都會遇到困擾或不如意。千萬不能沉溺在自認倒楣之中，任由挫敗、無助和悲傷折磨。這會使人意志消沉，欲振乏力。如能轉個念頭，做一些有意義的行動，去超越困境，走出泥淖，就能打造新的情境。

精神分析大師卡爾・榮格（Carl Jung）曾回顧自己的經驗說，他在十二歲時跟同學們玩耍，撞到路邊的石堤而昏了過去。從此在潛意識中找到了不上學的理由，逃避令他困擾的功課。一到上學的時候就覺得頭暈，群醫束手無策。過了幾個月，他無意間聽到父親憂心地告訴朋友說：「為了孩子的病，連手上的一點積蓄都花光了，不曉得往後該怎麼辦。」

容格這時才體會到，自己的病為父親造成困擾，於是決定掙扎著回學校上課。第一天他失敗了，一到學校就暈倒，被送回家。第二天到校上課，上了一半又暈倒，又被送回家。第三天仍堅持回學校上課，沒多久就再也不會暈厥。他轉了念頭，採取新的行動，度過他青少年時期的最大考驗。他領悟到自己曾經危險地陷入困境，且向困境投降。後來他回顧說：「我就是在那個時候知道什麼叫精神疾病。」

在轉念之間，我們會突然看到光明的向度，知道怎麼做是最好的選擇。轉念會讓你發現困境或挫折的全新意義，而產生新的態度去包容它。有些人在健康或事業陷入嚴重危機時改變了態度，願意接受事實，從中找出新的希望；從手中僅有的資源，看到活下去的希望。一位肺癌病患說，「我除了肺有病之外，其他器官都還好好的。我相信在醫療過程中，其他器官和腺體會配合產生力量，克服疾病，恢復健康。」這位病患終於克服了他的惡魔，重獲健康。

換個積極的想法，配合正向的行動，能幫助我們克服難關。只要換個光明的念頭，人生的際遇就完全改觀。

1 改變心境

積極的念頭使人振作自在，消極的念頭則令人疑慮退卻。曾有一位人際焦慮的大學生找我晤談，他很怕跟別人交往，總覺得自己沒信心，不知該怎麼跟別人談話。他深怕無法交談時的尷尬，所以不敢與別人往來，成為一個孤單而缺乏社會支持的人。

在數次晤談中，他慢慢體驗到，跟別人在一起，「不是為了說什麼，而是相處有伴。可以只當一個忠實的聽眾，多問少說。大部分的人都會喜歡這樣的聽眾。」後來，他更發現，只要誠懇地問對方能回答的問題，就能使對方侃侃而談，進而解除自己不知該說什麼的焦慮。因此人際焦慮減低了很多，後來又參加了暑假的營隊，勉勵自己參與社團活動，人際互動又進步了不少。有一天，他告訴我說：「人要有幾分傻氣，不怕出洋相，就能享有許多人際交往的樂趣。」這時他已大抵解除了心理的困擾。

如果你想學點新的東西，無論是藝術、運動或實用技藝，臉皮要厚，千萬不要怕出醜，其實出醜是提升自己能力必然的付出。不要只看到別人從容自在，他們也是冒了許多出醜的危險，才換來現在的成果。

心境影響學習和健康。許多人一到五十歲的壯年，就開始覺得自己逐漸衰老，而不願意學習和成長，結果真的衰老得很快。尤其是退休之後，有更多人有這種衰老的觀念，缺乏振作的動力。其實人的心智到五十歲還算年輕，仍在成長。腦力活動到六十歲始達高峰，六十歲到八十歲仍維持相當活躍。隨著經驗的累積，領悟的增加，只要你肯學習新知，解決問題的能力會更加圓熟。有位企業家朋友到了五十出頭才回學校讀農業經營碩士班。我也見過退休的人轉行成為陶藝創作者。更有人在七十歲才回大學念書。這些人全都神采奕奕，心智靈活，保持著健康和清明活躍的心智。

做子女的人要愛護老人，尊敬和養護老人，但子女也要鼓勵他們學習，在適當的情況下，體驗仍有作為的感受。有對孝順的夫妻自從老父住院返家後，就讓他過著無憂無慮、什麼都不必動手的優遇生活，沒想到老父竟然罹患憂鬱症，健康和生活品質更加低落。後來，他們每天送他到老人大學，學習才藝或到外埠參觀等活動，老人的精神爽朗起來，健康也跟著轉好。

每個人都活在自己的觀念之中，錯誤的觀念令人墮落，正確的觀念則使人健朗振作。你能在生活中領會友愛，對人生就有新的期許和寬容。醫生作家理查・希勒（Richard Selzer）在他的《死亡的教訓》（*Mortal Lessons*）一書中，描述一位飽學又認真的老教授在課堂上倒地不起，吐出大口大口的鮮血，好像把精神灌注給學生後，還要獻上血肉。他進了醫院，開刀治療，住進加護病房。身上插了各式管線。屋內一位白衣婦人照顧他的一切。三個星期以來，她始終這麼關愛和呵護，這是人性中愛的親密表現。最後，老人敵不過死神的召喚西歸了。這位老人與這位婦人素昧平生，卻在最後要離開人間時，親密地相伴，就像是他的妻子一樣。沒有人知道自己嚥下最後一口氣時有誰陪伴。只因為這一點，我們就應該對陌生人更加仁慈才對。

希勒的文章能產生深度的啟示。我們都應該想一想，日常生活中吃的、穿的和用的，以及食衣住行各方面的資糧，都是陌生人努力做出來的，光憑這一點，我們就要學會友愛和感恩。愛與感恩的念頭，能令我們活得自在，並孕育正確的心境去面對人生。每個人都該對此有所領悟。

2 學習扭轉心情

我們生活在競爭激烈的環境裡，追求的是效率和成長，所以很容易陷入緊張、焦慮、沮喪和憂鬱。緊張和焦慮大抵源自懼怕：害怕達不到目標，害怕失敗、害怕被炒魷魚而失業。沮喪和憂鬱則來自無奈和悲傷，它的背後是一再挫折後的無助。這些負面情緒大多來自過度競爭和追求功利的結果。

我們畢竟是生活在功利的社會，個人無法擺脫這個現實。因此當負面情緒出現時，要懂得轉換念頭，才能消除它的折磨。首先要清醒地覺察自己是否在一毛錢的問題上，花了百元的精神去煩惱。也就是說，自己是不是小題大作，把生活中的小事放大，而自陷嚴重困境。只要你不緊張、焦慮和憂鬱時，問問自己憂心的事是否值得，就能理性面對。這不是要你不用擔憂，而是要衡量嚴重的程度，斟酌用相稱的心緒去承擔。我教過許多人捫心自問「這件事使我付出這麼多痛苦的代價值得嗎？」、「它在生活中的比重是多少？值得我這麼煩心嗎？」他們往往會笑了出來，並在心情上有所改變。

其次是及時的生活調適。當我們受負面情緒困擾時，要去追問困擾的真實情境，把它分成幾個部分來解決。有些由自己承擔，有些可以委由別人處理，有些已無濟於事，可以放下它，不必理會，這麼一來就輕鬆多了。有個中年失業的個案，在想清楚家計和孩子的教育費用可暫時由太太負擔時，毅然接受新的職業訓練，一年後又重新披掛上陣。他的篤定和積極作為的確令人敬佩。

此外，我們可以透過觀念的改變，對事態再做詳定，進而解脫負面情緒。例如青少年與父母衝突、夫妻之間的嚴重失和等等，只要重新評估，就會發現「事態並沒有那麼嚴重」，或者「事實上他並沒有那麼多惡意」，而在心情上有了紓解。

負面情緒最容易引發失眠。失眠也是現代人最普遍的疾病，許多人為它痛苦不堪。失眠的人精神所以痛苦，是由於他認為失眠對自己極為有害，認為第二天必然會很疲憊、精神恍惚、注意力不能集中，甚至使身體衰弱等等，因而心神不寧，消耗精力，造成心力耗竭。

其實恐懼是自我暗示來的。人只要心境安寧，放輕鬆些，對於失眠安之若素，改採「醒臥」，其效用與睡眠並無大的差別。失眠者之所以越來越緊張，是由於算計著睡眠的時間即將溜走，掛念明天沒有精神應付工作，徒然增加自己的壓力，而產生痛苦。

換個想法，維持醒臥，想像自己的身體就像貓兒慵懶地躺在陽光下，享受日光浴。想像自己全身鬆弛，體內就像春和景明的大地，器官就像青翠的林木，心靈就像藍天白雲，血管有如潺潺清涼的流水。呼吸就像暖和的春風。這時身心就會漸趨寧靜，在醒臥中享受另一種精神安寧，這與睡眠效用相當。

有時這種方法無法驅除煩惱，精神仍然燥動不寧。那麼就起來行禪，在你的房裡輕輕地慢慢走動，越慢越好，配合呼吸的節奏，一步一步的走。不要讓煩心的事介入思緒，只保持緩和的呼吸、擺手和步伐，不一會兒就能安寧下來，再回去床上醒臥。

想要扭轉失眠時焦慮不安的心情，不要急著想睡著，只要保持安寧清醒的醒臥，就能得到安適的睡眠。

在日常生中，只要轉個念頭，情緒就能得到控制。比如說有人違規超你的車，甚至差點釀成意外，你會憤怒臭罵，情緒激動。這時只要想，「那個人可能家有急事，必須急忙趕時間」，你就比較能釋懷。

二次大戰時，麥克阿瑟將軍（Douglas MacArthur）在登陸菲律賓的搶灘行動中，砲彈驟如雨下。麥帥還是身先士卒，勇往前進。戰地記者問他：「將軍，你害怕嗎？」他回說不怕。記者問他為什麼，他回答：「上帝給了一個使命，在未完成前，祂不會把我召走。」我相信堅定的信仰，能給人帶來自在和為正義奮鬥的勇氣，讓人們不會陷入恐懼。

崇高的宗教信仰能給我們全新的信念，帶領人們走向安寧與勇氣。人願意力行慈悲、大愛和正義，往往來自高級宗教的信仰和教誡。

3 盡情享受生活

人生真像是一段旅途，沿路有許多變化。山河大地風光綺麗，雄偉多嬌。

你應該目不暇給，盡情欣賞沿途的好風好水，享受人際間的友愛和歡樂。

無論富貴窮通，都要能享受生命旅途的豐收。我年輕時家裡窮困，常為維持生活三餐發愁。母親總提醒我們：「窮已經夠慘了，若再不懂得歡喜生活，那麼損失就更大了。」她總是帶領我們在生活的東鱗西爪中，找到一些樂趣。

現代人一味地追求功利，忘了生活的喜樂。好像沒有達到目標，就會天崩地裂、歡樂盡失一樣。一般人的刻板觀念是「等到我考上大學，再來歡喜的生活」、「等到我找到工作，就可以快樂過日子」、「等我還完房貸再來旅遊」。於是，一個目標接著一個目標，喜樂的生活過程一再地蹉跎。這時即使有人提醒他，「要及時把握生活，享受喜樂。」他可能會說：「等我退休之後，就能快快樂樂的生活。」然而，退休後卻已身心倦怠，無力也無心享受人生。

現代人的生活枯燥，容易憂鬱和焦慮，是因為過度重視追求的目標，忽視生活過程中的豐富與美好。我們要轉個念頭，除了追求目標之外，更要在生活過程中，享有眼前的喜樂。你應該在人際互動中創造友愛；要多接近大自然，領受它的陶冶和滋潤：要登高山接受它的洗禮；要遠眺大海，踏著潔淨的海岸，細聽浪濤的詩篇；要觀賞夕陽，接受造物主給你的慰藉和啟發；多開懷大笑，體會快樂人生的妙韻。

轉個念頭吧！不要只沉迷在網路遊戲裡，虛擬的東西只能刺激你的神經，撥弄你腦子裡的傳導物質，無法讓你的精神生活寬朗豁達，更無法給予自在和喜悅。所謂說食不飽，影相非真。別忘了回到現實世界去接觸它、享有它賜予的歡喜。

此外，生活是現實的，也是無常變化的。好景不會常留，窘境也必改變。人必須順應變化，去享有生活的喜樂，就像要順應四季一樣，去做一些調適，就能享受生活。若不懂得隨緣應變，就無法發揮創意，結果就會顯得暮氣沉沉。如果能順應變化，做些生趣盎然的生活回應，日子就會變得充實鮮活。變化使生活煥然一新，試著去嘗試一些新的體驗，生活就會豐富起來。一九九八年我從工作崗位上退休，離開了制式的工作，選擇以寫作、演講和旅行，做為第二生涯的生活方式。我讀了更多新書，鑽研更多經藏，持續義工的心願，做心理諮詢的助人工作。我去過許多國家旅行，也雅好欣賞台灣高山和大海的壯闊。我發現，嘗試一些有價值的努力，使人生變得更豐富。

人之所以不願做些新的努力，部分是惰性使然。因為我們很容易執著於現在的生活方式，不願接受新的嘗試。心理學家把這種現象稱做「阻抗作用」，它阻礙個人接受和學習新的事物。然而，阻抗心理的背後仍然可以找到根本的原因：懼怕，害怕失敗，害怕未可知的情境，害怕失去現有的安穩。

所以，人要從執著的現狀中解脫出來，轉個念頭迎向改變，擺脫阻抗心理的桎梏。在生活上如此，在工作上也該如此。迎接改變的關鍵就是行動。當眼前的現實有所改變時，就要去做調適，使自己適應環境，從而孕育出進取的精神。接受改變，用創意和行動去回應，就能使自己變得有彈性，能屈能伸，讓生活多采多姿。這時就能會體會到：自己是在認真生活，而不是得過且過。

轉個念頭，就有全新的生活態度，化做行動，就能發現豐富的生命和歡樂。別忘了，在人生的旅途中，雖然有許多顛簸，但環視周遭，卻存在著無限的美好和喜樂。

4 活在當下

生活總有許多磨難，無論在感情、事業或健康方面，不免有些憾事。例如想要照顧家人，但心有餘而力不足；希望維持佳緣，對方卻移情別戀；期待出人頭地，但總是在職位浮沉；有心努力，但總是時不我與。這時，只要退一步想，就會發現自己所做的努力，正表現在真實的生活中。我們覺得生活不快樂，是由於我們只看到負面的部分。

保持精進和努力，用心去生活，不要把自己與人比較，就會領會到「就生活而言，沒有比現在更好的了」。這種自我回饋的領會，便是「活在當下」，從而產生自由自在的感覺。

人想從欲求中得到滿足，往往會落得失望。換個想法，在自己的生活中「苦中作樂」，才是真正生活的行家。上一代的人常常勗勉年輕人，「困難並沒有妨礙你欣賞春日的溫煦，辛苦工作攔阻不了小憩時的悠閒。」現代人也應該學習這種生活藝術。懂得在辛苦工作中瀏覽街景，欣賞五光十色的霓虹燈。

辛苦了一天，回到家裡不應該向家人抱怨，而應該創造溫馨的悅樂。留一些笑聲在家裡，自能招來好家運。互相包容支持，就能產生愛和勇氣；家人需要溫馨的互動，不能因為心情不佳，藉口沒有時間；家人需要關懷和扶持，不能因為想去玩樂，藉口沒有時間；家人需要了解和安慰，不能因為疲倦，藉口沒有時間。請記住！只要騰出一點點時間，做點生活經營，家運就會昌隆起來。當下就能孕育豐富的喜樂和潛能。

人能把握當下，心智就能專注，情緒自然安定。一般人常因為浸淫於往事，迷失在過往的紛擾中，以致產生情緒障礙，而使人脫離當下，無法在真實生活中營造喜悅和充實感。從諸多個案中觀察，發現那些不務正業、從事違法勾當、嗜賭成癮、酗酒吸毒，乃至網路成癮的人，都有執著於不快往事的習氣。他們既執著，又想逃避，才會走向自我麻醉的路。這條路通往犯罪、吸毒和暴力，也通往各種心理失常或疾病。

要對過去的痛苦經驗清楚的了解，才可能完全放下它。所以人們需要傾吐、整理和解釋，透過重新認知，進而寬恕和釋懷。然後，才能活在當下，展現生命的活力和喜悅。

活在當下的人，不會被過去的窘困經驗所困。他們累積信心，有健康的自尊，所以能隨緣自在，幽默風趣。碰到尷尬的事，不會勃然動怒，他們能在冷靜的心境下，談笑用兵，化解僵局。

睿智幽默的人，通常是頭腦清醒、思考敏銳的人。他們不會陷入往事糾纏不清的情緒中，而能在當下湧現愉悅，得出生動的事物真相。幽默的人往往是最有創意的智者；喜樂的人則是專注生活的高手。其共同特色是，很快就能轉念，用清新的態度去面對眼前的當下。

轉個念頭，使我們對眼前的不幸際遇有全新的看法，能做出積極創意的行動，使結果完全改觀。轉念就在千鈞一髮之際發生，卻產生雷霆萬鈞的力量。我們因為能夠轉念，而改變心境。因為心中浮現了寬恕，在行動上展現了大愛。因為轉念而有所悔悟，而成為正人君子。

心情不好的時候，透過轉念，可以擺脫憂鬱和焦慮，不再陷於惡劣情緒的桎梏。但它需要行動來達到效果，甚至藉信仰產生超越負面情緒的力量。

轉念使人更懂得生活，讓人生變得有況味。我們過度重視目標，而疏忽了生命的過程，如果能多欣賞生命，多享受生命，自有豐收的回報。

生活最忌陷溺於過往，無論是喜是悲，只要沉迷於其中，就會疏於體認當下，而失去生活的睿智和喜樂。請記得！當你發現此路不通時，轉個念頭，就能海闊天空；陷入負面情緒時，轉個念頭，就能柳暗花明。轉個念頭，等於換了新思維和行動藍圖，你會得到創意和滿足的結果。

拾 修鍊精神力

隨緣歡喜，
精神常保自在；
穎悟通達，
必有開闊胸襟。
敵意者不通，
對立者多怨，
能量互剝者失寧。
慈愛能生善緣，
愜意自有喜樂，
互愛共濟福報綿長。
割捨憂煩能生智慧，
賞心悅目精神豐沛，
依此修鍊，神清豁達。

每個人的精神力不同。有些人振作，神采奕奕，生活樂觀，心情穩定，臨事不亂而有創意。有些人萎靡悲觀，怨懟敵視，憂鬱焦慮，甚至失常喪志。前者的精神能量充沛，後者則陷於耗弱狀態。忙碌的現代人必須培養精神力，才能保持健康和良好的自我效能。

心理分析學家把精神力視為一種動態能量（dynamic energy），它可以表現成愛、意志、成長和求生存，也可以變成怨恨、脆弱、退卻和死亡。能量的豐盈和耗弱之間，表現出截然不同的行為和態度。

精神能量的消長，最主要源自對生活世界的解釋。人若認為自己的前途沒有希望，就會沮喪憂鬱，把旁人視為對立的敵人，衍生憤怨和焦慮；把挫敗解釋為自己無能，就會變得自卑和退卻，使精神力下降。從另一個角度看，把挫敗視為一時的失利，檢討後重整旗鼓，精神就容易振作。把眼前的創傷看成暫時的際遇，相信來者可追，就能讓心情穩定，這類解釋和看法會提升精神力。

一般而言，以樂觀模式思考的人，精神能量較豐沛，心情較開朗，生活和工作也比較積極振作。他們活力充沛，創造性高，適應環境能力強。以悲觀模式思考的人，挫折容忍力差，容易被激怒，精神不安或情緒低落，工作效能和身心健康亦較差。

不過影響精神能量最大的因素是能量肉搏戰。人們透過敵意、抨擊、貶抑和攻擊等手段互相傷害，造成彼此能量的流失和虛耗，產生非理性行為和暴力，帶來嚴重的精神退化。

每個人都該涵養精神能量，照顧精神狀況，讓自我功能提升，締造幸福和滿足的人生。涵養精神能量，除了避免消極性的精神肉搏戰外，就是要重視愛與美的陶冶、領悟和希望的培養，並注意保持生活的平衡。

愛是人類精神能量的根源。人在相互關懷中，會覺得溫馨安全；在彼此肯定支持中，獲得自在和安全；在互相了解和接納中，領受和睦與相挺。愛使生命變得有活力，使精神能量豐沛起來。

1 避免能量肉搏戰

每個人都經驗過，在競爭比賽落敗後，會覺得情緒低落；受到別人苛刻的批評和抨擊時，會憤怒不安。這時精神能量已被剝奪，而變得虛弱起來。有的人會在這時呻吟落淚，有的人會摔東西出氣。此時，當事人很需要回填精神能量，如果能及時得到了解和安慰，就能從別人的關心和同理中找到支持鼓勵，適時補注能量，心情就會變得比較穩定，溫暖貼心的感受，能使人理性安定。

如果未能及時得到同理和關懷，在能量匱乏下，個體會急於從周遭的人或事物搏取能量。由於當事人是不穩定或激動的，所以他會以發脾氣、怪罪、抨擊或挑釁的行動，來代替理性的行為。如果周邊的人不能包容了解，也受到非理性的刺激，能量突然下降，雙方很快就會陷入能量肉搏戰，產生激烈的衝突，陷入非理性的互嗆或傷害的窘境。

陷入能量肉搏戰的雙方你來我往，急於想從對方扳回一城。但是所剝回的能量，是激化的能量，就像上萬伏特的高壓電一樣，不但不能回補匱乏感，反而進一步造成心理的激動不安；有時還會火上加油，產生更嚴重的反應。於是衝突的雙方會越吵越兇，情緒也會狂亂而失去理智。

能量因為自我意志和尊嚴受挫而流失，尤其是涉及到面子，更容易驟然耗損，而陷入能量肉搏戰，從而產生爭吵、暴力和互相傷害。甚至可能因長期的負面記憶，一見其人或思及往事，憤恨、悲痛就會湧上心頭。這麼一來精神能量就永遠無法回補。一個長期無法回補精神能量的人，往往會有情緒困擾或健康上的危機。

怨偶是能量肉搏戰的結果；族群或社團長期交惡，亦會造成世仇，產生不解之怨。這類事情一旦發生，就會陷入能量剝奪戰，產生非理性思考，進而釀成嚴重後果。歷史上的戰爭大部分亦源自這類能量肉搏戰。

人們在受到別人攻訐、輕視、委屈、阻擾、貶抑時，會瞬間流失精神能量，悲憤交加、彼此辱罵、報復、攻擊，都想從對方搏回一些能量，但很不幸，他們搏回的能量卻是無法利用的激化能量。相持下去，彼此都都陷入能量耗竭的危境，失去清醒和理性的思考，造成更嚴重的僵持和敵對。

能量的肉搏戰亦發生在許多違法和越軌的行為上。有些人由於精神能量耗弱，而產生偷盜、賭博等行為。但在財物得手之後，只得到暫時的激化能量，無補於精神生活，甚至可能因內疚而更耗損能量，於是花天酒地，很快地散盡千金。偷盜和嗜賭的人，除了經營賭場事業者外，大部分都揮霍無度，無法振作生活。偷情或金屋藏嬌的人，也會在配偶面前因內疚而發生更嚴重的爭吵，夫妻之間就此埋下更多無情的殘酷互動。

比如家庭中的親子關係不佳，父母眼見子女不長進，能量就會突然耗損，造成憤怒、責備、批評和辱罵。子女因表現不佳，本來能量就已低落，受到責備批評，更是雪上加霜，瞬間精神能量枯竭，產生非理性的反應，於是親子的衝突愈衍愈烈。此時如果不懂得節制，不能適當回應，往往造成更多的衝突，傷害彼此的自尊和親密關係。

因此，平常待人接物遇到摩擦時，應有耐心和愛心，用理性的態度，去解決爭端，而非縱容情緒亂流，陷於能量搏奪戰，互相批鬥侮辱，那會是一種精神生活的災難。一個人長期蒙受這類災難會令情緒失控，或釀成性格異常。

每個人承受的挫折容忍度不同。有人精神能量薄弱，凡事容易受挫，能量容易耗竭。有人則穩定強固，能量不易被剝奪，他們能穩定處理種種挑戰，發揮良好的自我效能，有效解決人生的種種難題。因此如何怡情養性涵養精神能量，是每個人該學習的人生課題。

2 培養愛心與美感

人願意解開自我中心的繭，去關懷別人，分出一些心力去幫助別人，培養愛心，自尊會比較健康，精神能量就會充沛豐碩。愛的修持由近及遠，從家庭成員的友愛，到朋友同事的互助，乃至對陌生人的關懷。愛使人不再孤立，自尊變得健康，有著同胞一體、情同手足之感。這就會產生豐沛的精神能量。人與人之間的敵意消失，人際支援增加，於是更有能力去關愛別人並成就事業。

我觀察許多志工，他們做慈善工作，做學校的愛心媽媽，到醫院關懷照顧病人，協助弱勢團體等等。這些人的心靈生活有意義，自信強而情緒穩定，挫折容忍度夠。他們保有豐沛的精神能量，較少陷入能量剝奪戰，不會激怒和焦慮。更不容易因精神能量不足，引發無助或沮喪，導致憂鬱的現象。

愛心是透過關懷、負責、尊重和了解來回應別人、對待別人。愛能使家庭和諧，子女活潑成長，婚姻更加幸福。愛使家庭成員的社會適應良好，為生涯發展奠下良好的基礎。家庭的愛是個人精神能量的起點。社會的友愛則是和諧與進步的集體精神能量。

有愛心的人較能信任別人。因為信任是愛人的基礎。父母能信任孩子，孩子才做會出值得信任的行為。老師信任學生，學生領受老師的好意，教育就能成功。不信任別人，一天到晚提防旁人，會使精神能量耗弱。誠如心理分析大師艾瑞克・弗洛姆（Erich Fromm）所說的，「有了信心才有愛。」人與人相處全靠信任。沒有信任就失去安全、雅量和友愛。不信任就無法和樂相處，缺乏安寧。

這並非意謂可不以分青紅皂白地輕信別人，而是要了解對方，面對現實，勇敢地相信值得相信的事物。就心靈生活而言，對人的懷疑和不信任，是阻礙愛心發展的重要原因。這使精神能量很難豐沛起來。

美的欣賞與愛心，同為精神能量的來源。美與藝術一直是人類精神生活來源之一。人因為欣賞山河大地之美，而感到曠達開朗；有了歌舞吟詠，而產生歡樂暢快；透過藝術的欣賞，而得到陶冶或忘懷；登臨高山大海，能涵養浩然之氣。隨緣欣賞周遭景物，就有賞心悅目之趣。小憩悠閒哼一首舊歌新曲，亦能自娛無盡。這是一種自愛的生活，它能帶來無盡的喜樂和豐沛的精神能量。

別忘了有時抽空下廚，做一兩道小菜祭祭五臟廟，是全家人的福氣。有空隨手整理家裡擺設，會令你心生愉悅。隨手買幾朵小花插在廳堂上，則令滿室生春。多一點怡情自愛，就有更豐富的精神能量。現代人很缺乏這方面的雅興，所以精神生活變得窘迫不安。

3 開啟領悟與希望

我們對生活中的事物，若能清醒領悟到真相，讓你感動，就能做出愛與欣喜的回應。這些事都極為普通，如秋山落葉，可能引起詩般的感悟，從而唱起「春去秋來，歲月如流」的歌曲，領悟歲月如梭，而珍惜當下的喜悅。這種充實的精神能量，從當下景物中流貫心靈，而有恬適豐足之感。

此外，人透過對事物的領悟，才會有惻隱之心。有位朋友說，多年前的一個農曆年，他在市場賣年貨。除夕的黃昏，大家都打烊準備過年，只有他還沒收攤。這時來了一位女士，東挑西揀，要求打折扣，現金不夠還要求簽帳。他說：「太太，今天不能賒帳，欠過年會倒楣的。」她猶豫地把一些糖果放回貨架，並以祈求的口吻說：「先生！我一定會拿錢來還的。」他不耐煩地回答：「不方便。」這時他不自覺地朝她看去，天啊！她面色蒼白，帶著羞澀和倦容，頭髮散垂在消瘦的雙肩上，褪了色的舊外套，更顯得冬天的寒磣。「可是我的三個孩子需要一點過年的東西。」

就在這時候，他有了領悟。把原來放回架上的年貨幫她放進袋子裡，打了個大折扣，讓她無債一身輕的回家過好年。他說：「這件事讓我的人生改觀。它教導我寬容體恤困難的人。」他接著說：「我只覺得做了一件對的事，但那年運氣卻有了變化。我的朋友找我一起搞建築業，事業發達起來。我總覺得那件事情啟開了我的心智和生涯。」

我們經由對生活的領悟，補充了精神能量。我們在工作中，領會責任和分享的重要。在養兒育女中，領會孝養的真諦。在紛擾衝突中，領會自我控制的重要。在友誼親情中，領會只為自己著想的謬誤。

有空時靜下心讀幾頁書，從中領會生活的智慧。誦讀雋永的經典詩詞，可以汲取共鳴和會心，讓更多的精神能量流入心靈，令你活得更充實、更達觀。

多參與志工服務，多參觀旅行；少一點自艾自憐，避免玩物喪志。就會在生活中得到豐富的領會，精神能量因而充足。豐富的生活與工作，帶來豐沛的精神能量，讓你對人生感受到希望。

希望不是慾望，而是對生命的滿足和光明的期許。它以簡單素樸的態度生活，卻能以簡馭繁做許多有意義的事。它透過恬淡和友愛，展現生命的希望和重生。請注意！如果我們的價值觀只停留在功名利祿，那只能活在慾望和動盪中。因為這種生活境遇總是「高，高處苦；低，低處苦。」只有進一步去接觸到簡單素樸，才會產生「心待足時名便足」。那時，才會參透生命的意義，看到永恒的希望。任憑得失貴賤流轉，早已慣看秋月春風，自在泰然，精神能量充沛。

進入這個階段，才能超越貴賤得失，仰望生命上游的永恒，與本體世界相契，與佛菩薩或造物主神交，攜手唱和。年老時能有這種領會，就能找到新的希望，而欣喜自若。此時的精神能量就能維持豐沛，活得自在。

4 學習割捨與平衡

人不能只有承擔而沒有休閒，不能只工作而不休息，更不可什麼都要而無取捨，這樣會使精神癱瘓。於是，每個人都要學習割捨與放下，以保持平衡和協調。

學習放下，不是為了逃避責任，而是要揮別眼前的紛繁，恢復平靜，讓自己的覺性甦醒過來。放下就是從憤怒、沮喪或煩惱中解脫開來。你可以去散步、做點體能運動，調理鎮定之後，做點修養精神的功夫——「禪坐」。調理呼吸，安靜調伏心思，讓它真正放下，讓紛繁干擾不再。這時一種精神能量就會流入心靈世界，令你覺性明悟，思想開闊，對事情就能明心洞燭，不再浮躁衝動，擺脫沮喪或憂愁。

憂煩困擾來時，你想放下它可不容易。最直截了當的方法就是散步。只要輕鬆走個三十分鐘，身心頓時就會舒暢鬆弛。無論白天或夜晚，只要抽空走走，對瑣事的牽掛自然就會鬆脫下來。散步是一種很好的練氣運動，老少咸宜。每天散步至少半小時，不但神清氣爽，並能增加耐煩的能力，能使塵勞剝落，精神煥發。

要學習不在無關緊要的事上耗費心神，堅定地警告自己：「放下它！否則就會失衡，造成氣惱和困擾。」時時提醒自己，不悲悼過去的過錯，不為未發生的事憂慮。放下猶豫不決的心情，想好要怎麼做，就定下心來面對它。天下沒有十全十美的事，只有勇於承擔的智慧和勇氣。

此外，要給自己蓋個心靈別墅，能在那裡修心養性。特別是在夜晚，要能夠在這個安樂窩裡，不受打擾，不被緊張壓力侵犯。這種修持方式，對於身負重任、承受重壓的人，最能保持精神寧靜。透過心靈別墅的靈修，能讓你精神煥發，理智處事，有清醒的決斷力和執行力。

人的神經系統有一定的負荷量。放下負面情緒，擺脫對事情的憂慮和擔心，就能使大腦運作明快。尤其是憤怒、敵意、恐懼和焦慮不安，極易讓腦內的邊緣系統過度運作，不斷傳送負面情緒，干擾大腦思考和決策的運作。因此，放下紛繁的事物，是思考和正確行動的保證，亦是涵養精神能量的妙方。

現代人很容易被憂鬱所困，卻不容易擺脫它。其實憂鬱有其潛意識的報償。因為憂鬱可以不必面對現實的挑戰，可以有不做事的藉口，可為別人發愁來代替關懷行動，可為不振作辯護。這並非在責備憂鬱者的潛意識活動，而是憂鬱者除了尋求治療外，要捨棄潛意識動機，放下憂鬱的報償，這樣更能獲得療癒，重獲新生。

從實務工作中觀察，大部分憂鬱症的人在早年就養成逃避現實的習氣，一旦有了挫折，就容易發展成無奈和沮喪，而造成憂鬱症。因此，在教育上要避免養成這個惡習，早日放下或捨棄這種生活態度。

拖延是另一種惡習。拖延者幾乎從童年就開始了，到了成年則變本加厲。他們把困難和不喜歡的事往後積累。有些人甚至因為拖延而失去工作，苦惱非常。要革除拖延的惡習，就要訂下時限，強制自己及時採取行動。

捨棄壞習慣，是保持健康人生的另一個方法，捨棄過度超時工作，才能長久保持效率。捨棄超支和浪費，才有餘裕投資，維持收支的平衡。放下過往不好的習氣，就能開啟平衡幸福的人生。

捨棄壞習慣和不當的慾望，是保持身心健康的不二法門。捨棄的同時，豐沛的精神能量會進駐心靈，讓你感到爽朗和喜悅，並看到光明的人生前景。

個人的精神力隨著際遇順逆而有消長。精神能量充沛時，心情愉快，創意思考較強；精神能量薄弱時，則情緒激動不安，呈現較多負面情緒。不過，就人類精神生活而言，最嚴重的問題還是能量肉搏戰。彼此在敵意、對立和憤怒的情緒下互相攻訐、謾辱或施暴，結果兩敗俱傷。尤其是在孩子成長過程中，捲入能量搏奪戰，所受的傷害，往往會造成情緒失調或性格異常。

每個人抵抗挫折和挑戰的精神力不同，但大抵決定於個人的精神能量。能量豐沛者，回應能力強，容受力大，接受挑戰的實力亦佳。反之，能量耗弱者，對於挫折和挑戰無法招架，甚至潰不成軍。精神力是可以培養修鍊的。藉由友愛和美感，我們就有溫馨、歡喜和振作；經由領悟和省發，我們就活得有希望有價值；透過割捨和平衡，我們得到活潑成長和自在。精神能量就從這兒流入心靈，化做美好的人生。